EVROPA recens descripta
MORE
ALBVM MARE
RVSSIA
ASIÆ
Bulgaria
TARTARIÆ PARS
PARS
DVCATVS SEVERIENSIS
Tartaria Przecopelis
PONTVS EVXINVS
ASIA MINOR
NATOLIA
Cyprus
Candia ol. Creta
MEDITERRANEVM
Alexandria
AEGYP
MARMARICA
PARS
Hungari
Bohemi
Poloni

Camino
de
Santiago
CASTRILLO
DE LOS POLVAZARES
COLOMBA
SOMOZA
CASTRILLO
DE LOS POLVAZARES

San Juan de la Peña - Kloster und wichtige Pilgerstation des 11./12. Jh. bei Jaca an der Via Tolosana

Bert Teklenborg

Radwandern entlang des JAKOBSWEGS

Vom Rhein an das westliche Ende Europas

Salem Edition

Laßt mich nur auf meinem Sattel gelten
Bleibt in euren Hütten, euren Zelten
Und ich *radle* froh in alle Ferne
Über meiner Mütze nur die Sterne
frei nach J.W. v. Goethe / West-Östlicher Divan

Impressum:

Bert Teklenborg
Radwandern entlang des Jakobswegs
Vom Rhein an das westliche Ende Europas
Radwanderreiseführer, Routenplaner

Computergrafik: Bert Teklenborg
Gesamtherstellung: Druckhaus Müller, Langenargen

ISBN 3-9805535-1-5

Inhalt

Rad-Fernwanderweg von Strasbourg nach Santiago

Vorwort des Verlags zur Neuauflage 2002

Aus Leserzuschriften der letzten Jahre wissen wir heute wesentlich mehr über das, was Sie von einem Radwanderführer, der über annähernd zweieinhalbtausend Kilometer begleiten soll, erwarten. Ein herzliches Dankeschön für die Informationen und - was uns am meisten freut - für die breite Zustimmung zum gewählten Französischen Weg. Dieser macht etwa zwei Drittel der beschriebenen Strecke aus, von Straßburg bis an den westl. Rand der Pyrenäen, auf meist ruhigen Nebenstraßen, die durchweg asphaltiert sind.

Das trifft für den Spanischen Weg nur teilweise zu; der führt über oder neben stark befahrenen Autostraßen und immer wieder über Schotterwege, die sich nur selten umgehen lassen. Waren sich die Verantwortlichen der letzten Auflage noch weitgehend einig, man könne den gesamten Pilgerweg in Spanien mit Trekking-Rad oder Mountain-Bike abradeln, so sehen wir das heute anders. Das ist keine Frage des Materials, sondern ein Zugeständnis an die veränderte Situation.

So eigentümlich es sich anhört, echte Wanderwege (nach unserem Verständnis) sind rar auf dem Camino. Und dort, wo der Pfad in der Hauptsaison gerade noch in der Lage ist, die Masse der Fußpilger aufzunehmen, da hat der Radler schlechte Karten. Und noch eins: Pilgerwege, die diesen Namen verdienen, gleichen nach Schlechtwetterperioden eher schlammigen Bachläufen als Wander-, geschweige denn Radwegen.

Römische Straßenkarte von Gallien →

Deshalb wird Ihnen dieser Führer den bestmöglichen Weg aufzeigen, immer bestrebt, die Interessen sowohl der Fuß- als auch der Radpilger zu beachten. Und wenn die Neubaustrecken der Camino-Autobahn fertig sind, dürften die dadurch entlasteten Landstraßen zu Luxus-Radwegen avancieren. Das erfahren Sie heute bereits auf der N 120 zwischen Carrion de los Condes und Sahagun, und insbesondere auf der alten N VI am Aufstieg zum Cebreiro-Pass.

Wir wünschen Ihnen, daß Sie gesund und voller Freude in Santiago de Compostela ankommen.

Ihre Salem Edition
Redaktion

Hallo, bonjour, buenas dias!

Es sind noch keine fünf Jahre her, da wurde der Fernwanderweg von Strasbourg nach Santiago de Compostela unter dem Namen *Jakobsweg der Freude* aus der Taufe gehoben. Gleichzeitig erkundeten wir für den Radwanderer eine dem Wanderweg folgende Route, die Sie vom Rhein an das westliche Ende Europas führt. Das erste Drittel dieser Strecke verläuft nur selten auf einem geschichtlich ausgewiesenen Pilgerweg; allerdings wurde der Startort Odilienberg bei Strasbourg nicht ohne Grund gewählt. Die erste europäische Straßenkarte, die um das Jahr 1500 von einem Nürnberger Kartographen erstellt wurde, nennt als Anlaufstelle für Jakobuspilger „Ste.Odilia“.

Unser Radwanderweg führt durch schier endlose Wälder und die unberührte Natur der Vogesen, von Lorraine, Haute Marne und Burgund. Dabei folgen wir u.a. den Trassen uralter Römerstraßen *(Voie Romaine)*, besuchen die ökumenische Gemeinschaft Taizé und das für die Jakobspilger des Mittelalters so wichtige Cluny, bevor uns das Massiv Central besondere Anstrengungen abverlangt. Dies trifft auch zu für den Weg von Le Puy über die Monts-d'Aubrac nach Espalion: der Radweg entlang der *Via Podiensis,* einem der vier wichtigsten mittelalterlichen Pilgerwege in Frankreich, verläuft meist in über 1000 m Seehöhe durch äußerst karge Landschaften, und war daher von den Pilgern besonders gefürchtet.

Die Belohnung für die Mühen der ersten Etappen erwartet Sie im lieblichen Tal des Lot und noch mehr Stimmung kommt auf, wenn Sie Conques, Cahors und Moissac hinter sich haben und Richtung Baskenland unterwegs sind. Bei Ostabat trifft unser Weg auf die Routen aus Vézelay/Périgueux *(Via Lemovicensis)* und Tours/Bordeaux *(Via Turonensis)*. Hier erahnen Sie bereits die große Hoffnung, die tausende und abertausende Pelerins des Mittelalters auf die Straße gebracht hat. Eine Steigerung dieses Gefühls erfahren Sie, wenn nach St. Jean-Pied-de-Port die Überquerung der Pyrenäen ansteht und Sie gemeinsam mit anderen Pilgern auf Santiago zuradeln.

Der Camino lebt durch seine Geschichte

Was war eigentlich der Anlaß für die Pilgerfahrten nach Santiago de Compostela, die aufgrund der unsicheren Landstraßen -

soweit überhaupt vorhanden - zur damaligen Zeit ein großes Abenteuer darstellten und, wie die heute noch vorhandenen Grabsteine bezeugen, es kehrten ja doch manche von dieser Reise nicht nach Hause zurück. Es war nicht selten blanke Not, die Jakobspilger auf die Straße brachte, mit einem Bruchteil der Informationen, die in diesem Führer stehen - sie hatten oft nichts mehr zu verlieren. Wen es so hinaustreibt, der packt keine Reisekoffer, spannt keine Kutsche an, sondern schnürt sein Bündel und macht sich auf den Weg. Ob man ankommt, ist ungewiß.

Auf der Suche nach dem geschichtlichen Hintergrund stoßen wir auf die Spuren von Jakobus dem Älteren, einem Jünger Jesu Christi, den sein Auftrag, das Christentum zu predigen, auch auf die Iberische Halbinsel führte. Sein Märtyrertod nach seiner Rückkehr nach Jerusalem ist bezeugt. Die Sage erzählt, daß der Leichnam von seinen Jüngern mit dem Schiff an den letzten Ort seines Wirkens, der römischen Siedlung *Iria Flavia* an der atlantischen Küste Iberiens, gebracht und dort beigesetzt wurde.

Das Grab geriet in Vergessenheit und erst zur Zeit Karls des Großen nach dessen Spanienfeldzug gegen die Mauren wurde es durch „wunderbare Offenbarung" wieder entdeckt. Offen blieb bis heute, ob es sich bei den in dieser Grabstätte gefundenen Gebeinen wirklich um die Reliquien des Hl. Jakobus handelt. Doch daran zweifelten die Menschen des Mittelalters nicht - der Glaube gab denen Kraft, die auf seine Unterstützung bei der Vertreibung der Feinde Spaniens setzten. Mit dem Schlachtruf Santiago ging man nicht nur in den Kampf gegen die Mauren, sondern auch noch an die Eroberung Lateinamerikas.

So kam es in den folgenden Jahrhunderten zu einer überzeugten Annahme der Jakobussage in der christlichen Welt und bereits Mitte des 12. Jh. war Compostela neben Jerusalem und Rom das herausragende Pilgerziel für Millionen Gläubige.

“Wenn der gebildete Leser...

...in unseren Werken die Wahrheit sucht, wird er sie in diesen Blättern bedenkenlos und ohne Zögern finden......."; so beginnt der Text eines überlieferten Reiseführers aus dem 12. Jh., *Codex Calixtinus* genannt, der allen Pilgern seiner Zeit sehr anschaulich vor Augen führte, wie er sich auf den langen Weg nach Santiago de Compostela machen konnte und was ihn auf seiner Reise so alles erwartete.

Ein weiterer historischer Reisebericht ist das im Jahre 1495 erstmals erschienene Werk des Hermann Künig von Vach. In diesem Itinerar, von dem bis 1521 fünf (!) Auflagen bekannt sind, schildert er seine Wanderung auf einer *oberstrass* via Schweiz, Rhonetal und Languedoc hin zum camino francés in Spanien (vgl. Auf Jakobswegen: Schweiz, Savoyen, Rhone im gleichen Verlag) sowie einer *niederstrass*, die nach der Rückkehr über die Pyrenäen zuerst in Atlantiknähe Richtung Bordeaux verläuft, und später über Poitiers, Tours und Paris via Brüssel nach Aachen gelangt.

Er nennt Wege, Entfernungen und Ortsnamen und alles, was sonst noch wichtig war: Brücken und Fähren (mit Fahrpreisen), Klöster und Hospize, gute und schlechte Pilgerherbergen.

Das entspricht (im übertragenen Sinne) im wesentlichen dem Inhalt dieses Radwanderreiseführers und Routenplaners. Das angebotene Kartenwerk beschränkt sich auf die schematische Wiedergabe des Straßenverlaufs; es erleichtert mit Sicherheit einen neuen Einstieg in Teilstrecken, falls Sie nicht zu den Glücklichen gehören, die die gesamte Wegstrecke in einer Tour radeln können.

Im Textteil erhalten Sie zum gegebenen Zeitpunkt Hinweise auf interessante Plätze und Bauwerke der Pilgerhochzeit, ergänzt durch überlieferte Berichte vom Ort des Geschehens, sowie Informationen über Land und Leute. Damit erfahren Sie aktuelle Reisebegleitung und geschichtliche Information in einem und können sich gut in die Rolle der mittelalterlichen Pilger versetzen. Wer mehr erfahren will: über die meisten historischen Pilgerwege gibt es inzwischen ausführliche Schriften, aus denen Sie weitergehende und wissenschaftlich begründete Informationen entnehmen können (siehe Literaturnachweis im Anhang).

Alle genannten Straßen wurden im Frühjahr 2002 nochmals befahren, die Kartenskizzen auf den neuesten Stand gebracht, und die Wegführung in einem zusätzlichen Streckentelegramm zusammengefasst. Ein besonderes Dankeschön gilt allen Freunden des Jakobswegs, die in vielen Briefen ihre Zustimmung zu diesem Führer und manch nützliche Information und Anregung mitgeteilt haben.

Wenn auch die Betonung dieses Buches zuerst auf Radwandern liegt, wird es doch immer wieder Gelegenheit geben, über sich selbst, Gott und die Welt nachzudenken - auf dem Weg sein, und ein Stück weit zu sich selbst.

Herzlich Ihr Wegbegleiter
Bert Teklenborg

„Warum zögerst du, Freund des heiligen Jakobus, nach diesem Ort aufzubrechen, wo sich nicht nur alle Völker und Sprachen treffen, sondern auch die Engelschöre zusammenkommen und die Sünden der Menschen vergeben werden?....Nicht ohne Grund erhalten diejenigen, die sich zum Grab des Heiligen aufmachen, den Stab und die Pilgertasche und sprechen nach kirchlichem Brauch: Im Namen unseres Herrn Jesus Christus. Nimm diese Tasche als Zeichen deiner Pilgerschaft, damit du geläutert und befreit zum Grab des heiligen Jakobus gelangen mögest, zu dem du aufbrechen willst.... Nimm diesen Stab zur Unterstützung deiner Reise und deiner Mühen für deinen Pilgerweg, damit du alle Feindesscharen besiegen kannst, sicher zum Grab des heiligen Jakobus gelangest und nach Vollendung deiner Fahrt zu uns mit Freude zurückkehrest…“

Praktische Tipps für Ausrüstung und Anreise

Stellen Sie für diese Reise Ihre vorhandene Ausrüstung auf den Prüfstand; Voraussetzung ist ein stabiles Trekking-Reiserad mit einwandfrei funktionierender Technik: Kettenschaltung, Kette, Felgenbremsen, Speichen; evtl. Pannenband zwischen Schlauch und Mantel einlegen. Wegen einer optimalen Gewichtsverteilung beim Reisegepäck sind vordere Gepäckträger (Lowrider) angebracht; wasserdichte Packtaschen. Fahrradsicherung durch Stahlseil mit Ösen (auch zur Sicherung des Gepäcks!); abnehmbarer Tacho.

Kleidung

Da Sie insbesondere in Spanien häufig auf Landstraßen mit starkem Verkehr radeln müssen, sind gut sichtbare, reflektierende Kleidung und je nach Jahreszeit auch warme Sachen wie Pullover, Mütze und Handschuhe sowie Regenschutz ein unbedingtes Muss (die Schuhe mittels Plastiktüten vor Nässe schützen). Im Sommer empfiehlt sich (insbesondere in den Höhenlagen) zusätzlich zum Helm ein Nacken-Sonnenschutz.

Pilgerherbergen

heißen in Spanien „Refugio“; viele sind erst im späten Frühjahr in Betrieb, öffnen teilweise erst am Abend und Nicht-Fußpilger müssen generell den Wanderern den Vortritt lassen. Dem obligatorischen Hochsaison-Hinweis "Sie müssen bis 20 h warten..." begegnen Sie am besten, indem Sie sich Zimmer in einem Hotel, Hostal oder Casa rural suchen; entsprechende Hinweise finden Sie in der Rubrik „Touristinformation".

Reisetipps

Für Radler, die nur in Spanien unterwegs sind, kann die Anreise mit dem Flugzeug sinnvoll sein. Kosten für Hin- und Rückflug, z.B. von Hamburg nach Pamplona, ca. € 360.-, plus € 50.- pro Fahrrad (Iberia). Vorbeugend für den Fall, daß Umbuchungen in Spanien notwendig werden, sollte der Hinweis „ohne zusätzliche Kosten" ins Ticket eingetragen werden. Die Fahrräder müssen verpackt sein (in Pappe; Pedale abmontieren, Lenker quer stellen).

Für die Rückreise von Santiago nach Pamplona gibt es den Busverkehr ALSA; Abfahrt Santiago 9h00, Ankunft ca. 22h00 (Umsteigen in Vitoria); Preise ca. € 46.- incl. Rad. Wichtig: Sofort nach Ankunft in Santiago buchen (Zentralbusbahnhof), da nur begrenzte Kapazitäten zur Verfügung stehen (für Gruppen nicht geeignet).

Stand der Informationen Sommer 2002; Angaben ohne Gewähr.

Hinweise zur Benutzung dieses Wanderbuchs

Die folgenden 72 Karten plus 4 Übersichten zeigen Ihnen eine durchgehende Radwanderroute von Strasbourg im Elsass nach Santiago de Compostela in Galicien. Anreisende aus Nord- und Westdeutschland finden einen Vorschlag für die Strecke von Saarbrücken/Sarreguemines über Epinal nach Darney; für Radwanderer aus Süddeutschland, der Ost-Schweiz und Österreich empfiehlt sich die Anschluss-Strecke von Freiburg im Breisgau nach Riquewihr. Der eingezeichnete Maßstab dient zum Bestimmen der Wegstrecke; Angaben über Fahrzeiten werden Sie nicht finden - jeder kann sein Tempo, seine Ruhepausen selbst bestimmen. Hinweise auf geeignete Straßen- und Wanderkarten finden Sie im Literaturverzeichnis im Anhang.

Zusätzlich erhalten Sie im Streckentelegramm Hinweise für den richtigen Weg; unter Information finden Sie Tipps zum Einkehren und Übernachten (Hotels, Restaurants, Ferme Auberges, Pilgerherbergen und Campingplätze). Als beste Jahreszeit empfehlen sich die Monate Mai bis September; von Oktober bis weit in den April muß in den Höhenlagen und insbesondere auf dem Spanischen Weg mit extremen Wetter- und Temperaturschwankungen und einem dementsprechend schlechten Zustand der unbefestigten Radwege gerechnet werden. Im Textteil werden Ihnen die Orte vorgestellt, über die es mehr zu berichten gibt.

Wenn Sie das nebenstehende Symbol sehen, erzählen Ihnen der Pilgerführer des *Codex Calixtinus* und andere, im Literaturverzeichnis genannte Quellen über die Pilger des Mittelalters und deren Sorgen und Nöte.

Alle Angaben wurden mit der erforderlichen Sorgfalt recherchiert, und doch kann für deren Richtigkeit keine absolute Gewähr übernommen werden. Es macht nicht zuletzt die gewisse Unvollkommenheit eines jeden Reiseführers aus, daß sich Gegebenheiten ständig ändern. Darum bin ich allen Lesern, die dazu beitragen, die hier gemachten Angaben auf dem neuesten Stand zu halten, für entsprechende Informationen an den Verlag dankbar. Bitte bedenken Sie aber auch: diese Radtour ist ein Abenteuer, das Ihnen so manche, sich aus der Situation ergebende Entscheidung abverlangen wird.

STRECKENTELEGRAMM

Wir orientieren uns an den Schildern zum Freiburger Ortsteil Haslach und fahren dann nach Opfingen auf der gleichnamigen Straße. Von hier geht es auf einem ausgeschilderten Radweg über Merdingen und Wasenweiler nach Ihringen und Breisach. - Nach der Überquerung von Rhein und Kanal fahren wir im Kreisverkehr gleich rechts Richtg. Biesheim, zuerst durch ein Industriegebiet und später über meist ruhige Landstraßen nach Widensohlen (D12), Urschenheim, Muntzenheim und Jebsheim (D9). Nun westlich auf der D3 über Ostheim und Zellenberg nach Riquewihr. Anschluss an den Radwanderweg nach Santiago de Compostela auf Seite 22.

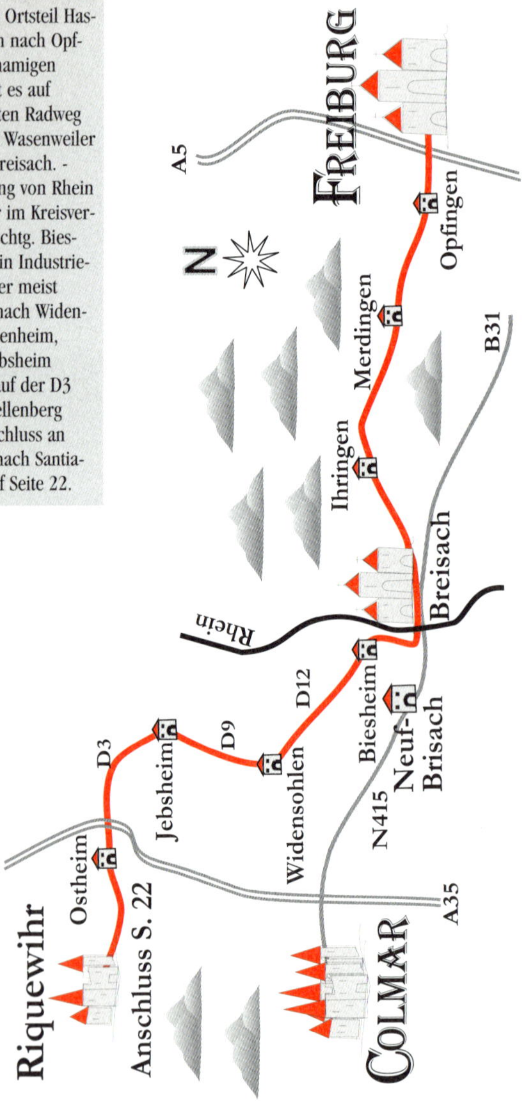

STRECKENTELEGRAMM

Start in Sarreguemines; knapp 200 km Landstraßen (meist durch hügeliges Gelände) liegen vor uns. Leichter Anstieg nach Herbitzheim und Sarralbe; durch den Ort auf der D 28 nach Albestroff, und auf der D 22 über Marimont nach Dieuze. Auf der D 999, später D 40 nach Avricourt; hier umgehen wir Blamont wegen der dort folgenden verkehrsreichen N 4, indem wir zuerst Richtg. Amenoncourt (D 21 B), dann nach Autrepierre (D 21) fahren, und hinter dem Ort rechts auf die C 4 nach Domèvre einbiegen. Dort überqueren wir die N 4 und fahren auf der D 935 über Baccarat nach Rambervillers (D 436); die dann folgende D 46 nach Epinal ist relativ stark befahren. Hier zuerst dem Hinweis „Centre Ville", dann ab der Brücke dem Schild Darney folgen und über die D 36 nach les Forges; auf der angenehm ruhigen D 460 nach Darney (Anschluss siehe Seite 31).

Anreise Sarreguemines - Darney

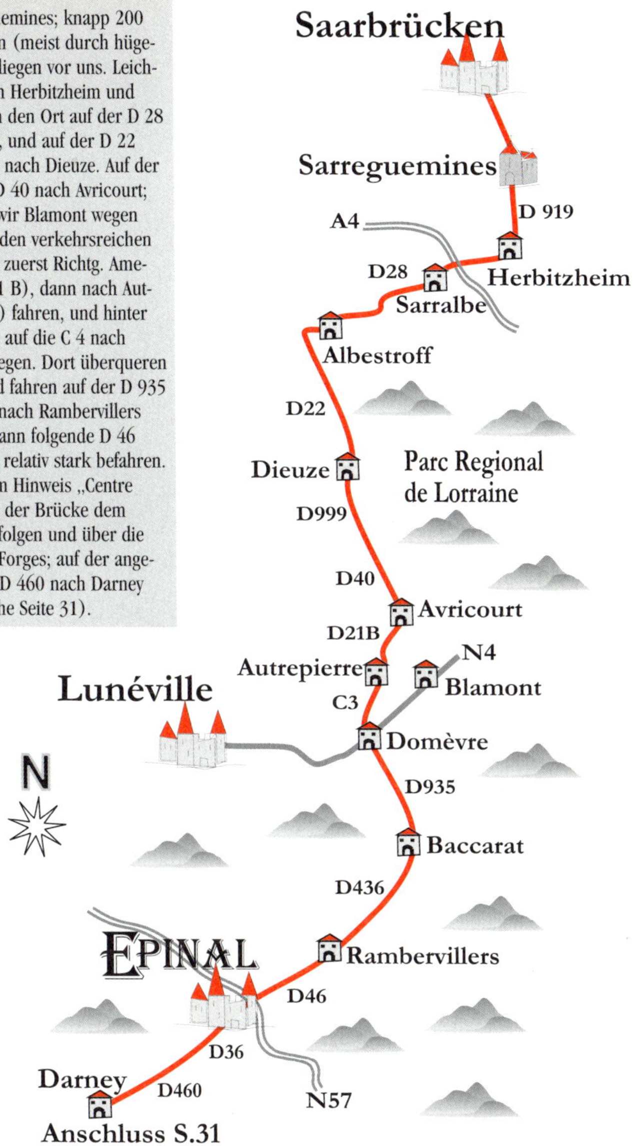

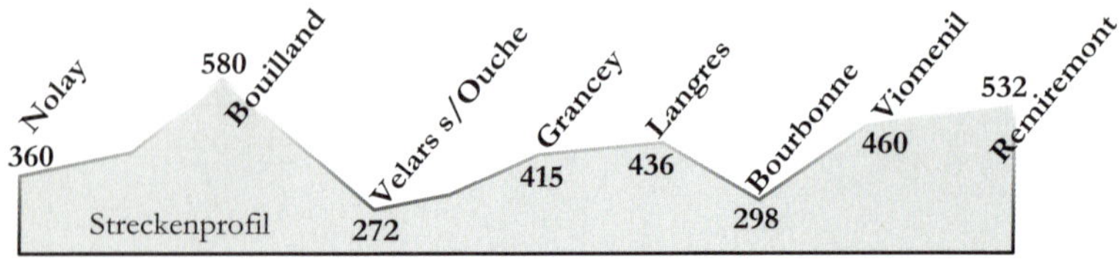
Nolay
360
580
Bouilland
Velars s/Ouche
272
Grancey
415
Langres
436
Bourbonne
298
Viomenil
460
532
Remiremont
Streckenprofil

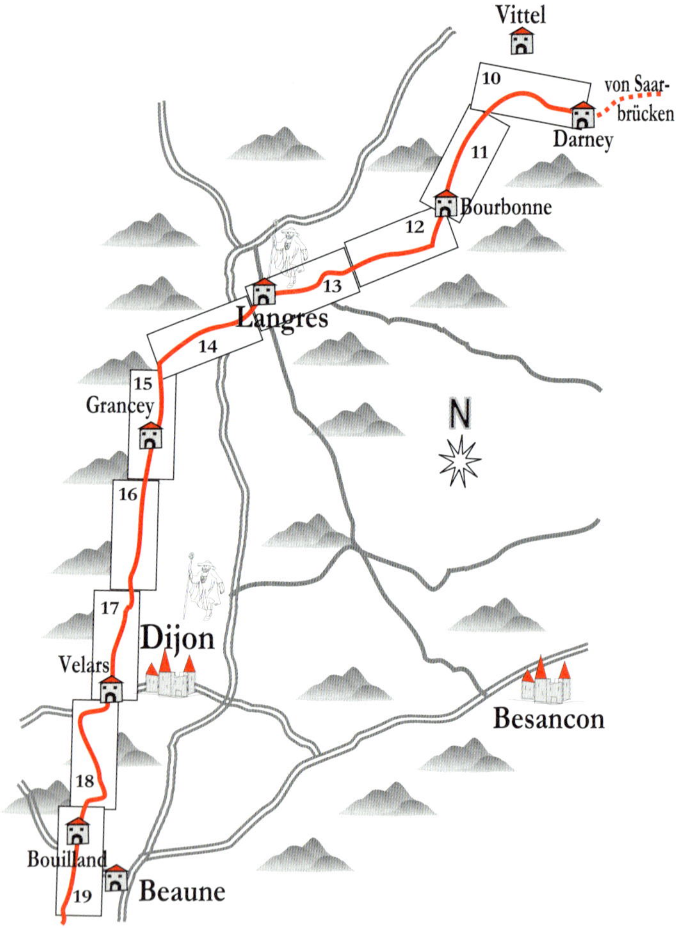
Vittel
10
von Saar-
brücken
Darney
11
Bourbonne
12
13
Langres
14
15
Grancey
N
16
17
Dijon
Velars
Besancon
18
Bouilland
19
Beaune

Rad-Fernwanderweg nach Santiago de Compostela Übersicht I

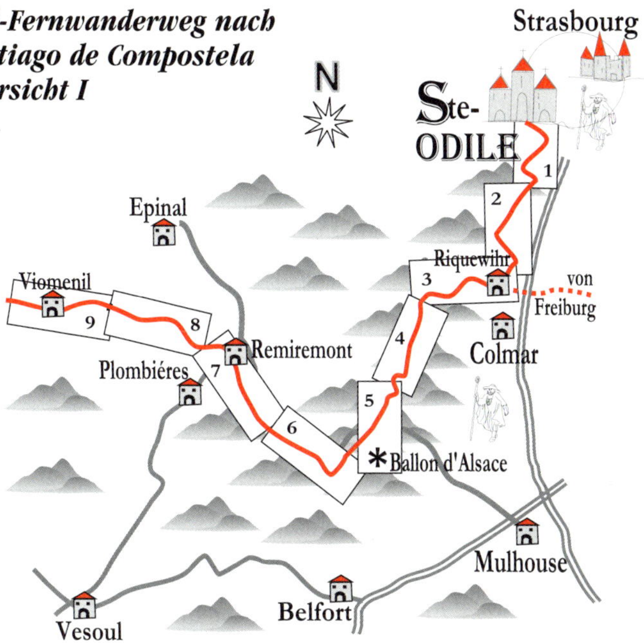

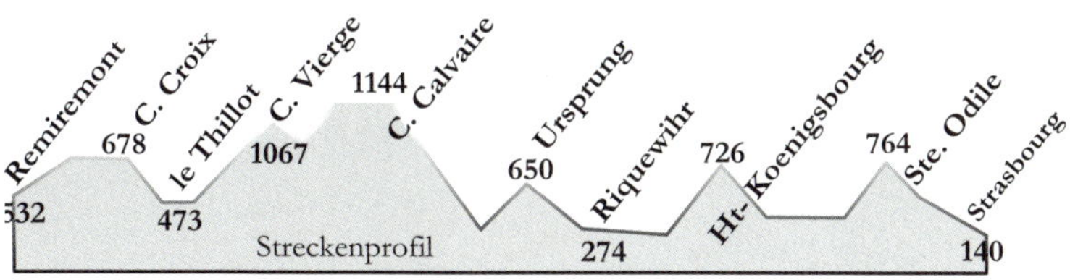

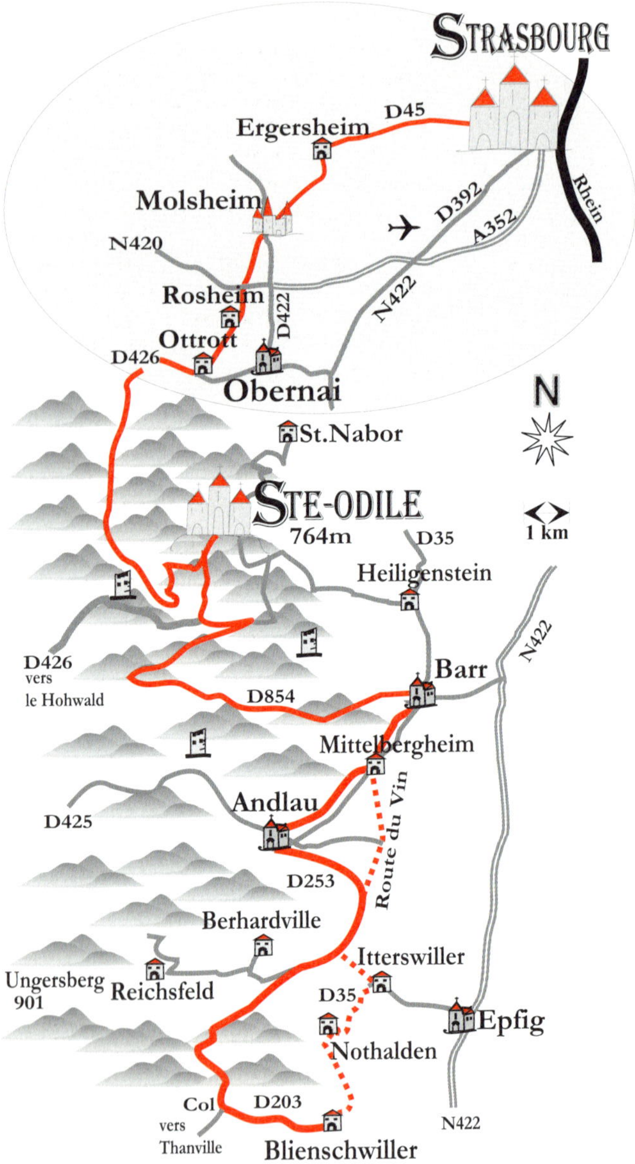
STRASBOURG
D45
Ergersheim
Rhein
Molsheim
D392
A352
N420
Rosheim
D422
N422
Ottrott
D426
Obernai
N
St.Nabor
STE-ODILE
764m
1 km
D35
Heiligenstein
N422
D426
vers
le Hohwald
Barr
D854
Mittelbergheim
Route du Vin
Andlau
D425
D253
Berhardville
Itterswiller
Ungersberg
901
Reichsfeld
D35
Epfig
Nothalden
Col
D203
vers
Thanville
N422
Blienschwiller

STRECKENTELEGRAMM

Die D 45 führt durch schöne Landschaft über Ergersheim (ab hier Radweg) nach Molsheim. Dorlisheim, Rosheim und Otrott sind typische Elsaßorte; Aufstieg über die D 426 hinauf auf den Mt.Ste.Odile (764m). Abfahrt über die D 854 hinunter ins Tal, auf die Route du Vin in Barr; von dort weiter über Mittelbergheim nach Andlau. Nun auf der D 253 Anstieg Richtung Thanville bis zur Abzweigung der D 203, hinunter nach Blienschwiller. Alternative: Von Barr bis Ribeauvillé über die Route du Vin; parallel verläuft ein Radwanderweg durchs Rebland.

INFORMATION

Notruf in France	**17**
Vorwahl D	0049-
Vorwahl CH	0041-
Vorwahl A	0043-

67082 Strasbourg
Office de Tourisme, pl. Cathedrale; Hotel, Restaurant; Camping; Jugendherberge; Flughafen

Mont Ste.Odile
Hotel, Restaurant

67140 Barr
Syndicat d'Initiative im Hôtel de Ville, Bahnstation Hotel, Restaurant; Camping

Andlau
Syndicat d'Initiative du Val d'Andlau; Hotel, Restaurant

Blienschwiller
Hotel, Restaurant

Strasbourg

das „Tor zum Elsaß". Die verkehrsgünstige Lage veranlaßte die Römer, um 16 n. Chr. eine Keltensiedlung zum *Castellum Argentorate* auszubauen; im 4. Jh. erhielt der Ort von den Alemannen den Namen Strataburgum (Straßenburg). Rudolf von Habsburg verlieh ihr 1275 die Rechte einer Freien Reichsstadt. Straßburg hatte als kleine Republik die erste demokratische Stadtverfassung in Europa. Während des Dreißigjährigen Krieges erhob Kaiser Ferdinand die Straßburger Akademie zur Universität. Die Stadt ist Sitz von Europarat und Europaparlament und des Europäischen Gerichtshofs für Menschenrechte. Sehenswert sind vor allem die gotische Kathedrale (das Münster) sowie Bauten aus dem Mittelalter rings um den Münsterplatz und die idyllische, von der Ill umflossene Altstadt.

Sainte-Odile (Odilienberg)

Der Fels des Mont Sainte-Odile ist wohl einer der interessantesten Plätze der Vogesen, mit prächtiger Aussicht auf das Rheintal bis hin zu den Schwarzwaldhöhen. Auf dem Weg nach Ste. Odile sehen wir Reste der Heidenmauer, einer keltischen Wehranlage. In der Merowinger- und Karolingerzeit stand auf der Hohenburg das Frauenkloster der hl. Odilia, die zur Patronin des Elsaß wurde. Beim Einfall der Hunnen völlig zerstört, errichtete der elsässische Papst Leo IX um 1049 die Kirchen- und Klostergebäude neu. In einer um das Jahr 1500 erstellten Straßenkarte wird „Ste.Odilia" als Station für Jakobspilger genannt.

Barr

Kleines Städtchen am Fuß des Mont Sainte-Odile und an der Route du Vin gelegen. Rathaus von 1640, auf den Grundmauern der früheren Kleppenburg errichtet; sehenswerte gotische Bürgerhäuser des 14./15. Jh. Die Kirche Saint-Martin, an der höchsten Stelle des Ortes erbaut, datiert in ihren Anfängen aus dem 12./13. Jh.

Andlau

überragt von den Ruinen der Burgen Andlau und Spesbourg. Richardis, die Gemahlin Kaiser Karls des Dicken, gründete im Jahr 880 die Abtei „Eleon", der Sage nach von einer Bärin geleitet, welche ihr den genauen Platz zum Bau bestimmt haben soll. 1432 wurde das Städtchen mit Befestigungsmauern und Türmen umgeben. Abteikirche Sainte-Richardis aus dem 11. Jh. (Krypta) und 12. Jh.; ein Meisterwerk romanischer Kunst ist das Westportal der Vorhalle.

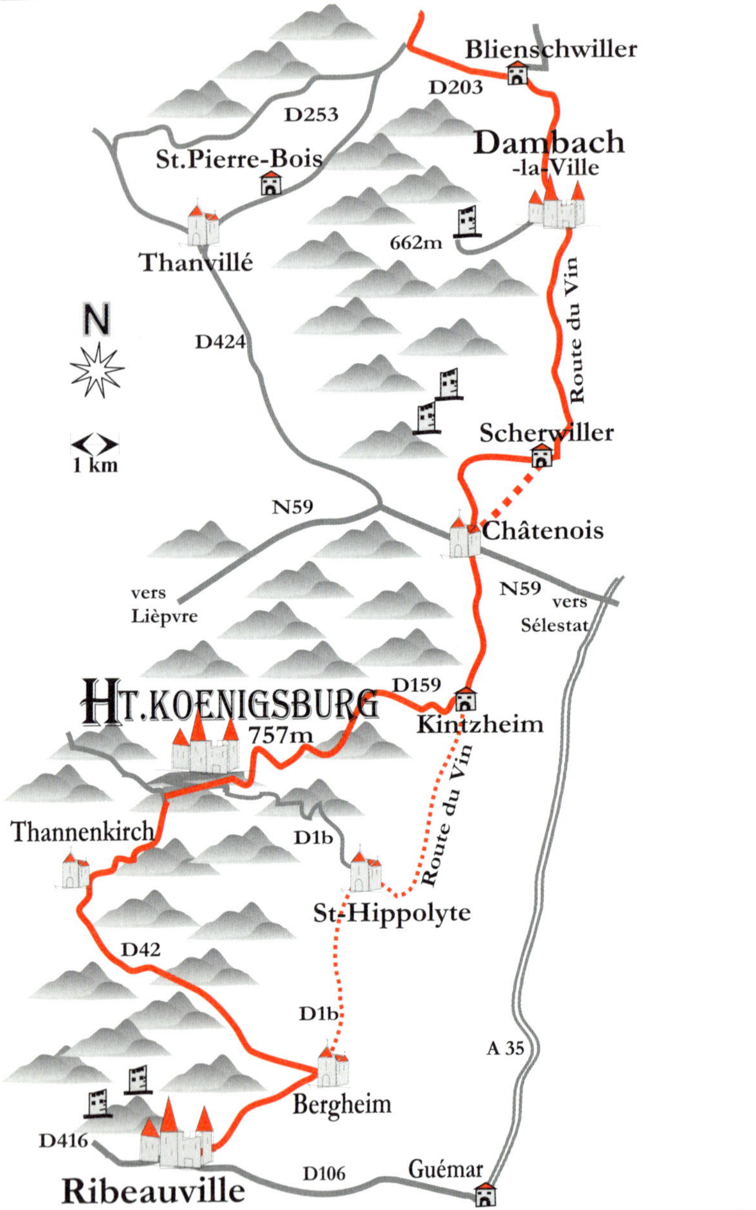
Blienschwiller
D203
D253
Dambach
-la-Ville
St.Pierre-Bois
662m
Thanvillé
N
D424
Route du Vin
1 km
Scherwiller
N59
Châtenois
N59
vers
Sélestat
vers
Lièpvre
HT.KOENIGSBURG
757m
D159
Kintzheim
Route du Vin
Thannenkirch
D1b
St-Hippolyte
D42
D1b
A 35
Bergheim
D416
D106
Guémar
Ribeauville

STRECKENTELEGRAMM

Über die Route du Vin nach Dambach la Ville und Scherwiller; von hier führt ein Radweg nach Châtenois. In Kintzheim rechts ab auf die D 159 und Aufstieg zur Ht. Koenigsburg (757 m; Besichtigung). Wieder zurück zur Kreuzung. Über die D 42 nach Thannenkirch und hinunter nach Bergheim; auf der Route du Vin weiter nach Ribeauvillé.

INFORMATION

Dambach-la-Ville
Hotel, Restaurant;
Ferme Camping

Scherwiller
Hotel, Restaurant;
Ferme Camping

67730 Châtenois
Tourist Information
Hotel, Restaurant;

Kintzheim
Hotel, Restaurant;
Ferme Camping

Thannenkirch
Hotel, Restaurant

Bergheim
Hotel, Restaurant
Ferme Camping

Ribeauvillé
Office de Tourisme
Hotel, Restaurant;
Camping

Auf dem Gipfel des Ungersberg...

...(oberhalb Reichsfeld, Seite 18) sollen im März 1493 aufständische Bauern der Umgebung zusammengekommen sein, wobei zum ersten Mal eine Fahne mit einem gebundenen Schuh, dem sogenannten „Bundschuh" (im Gegensatz zum Reiterstiefel) entfaltet wurde, der zum Symbol im bald darauf ausbrechenden Bauernkrieg werden sollte.

Châtenois (Kestenholz)

am Fuß des Hahnenbergs gelegen. Kirche von 1760 mit romanischem Turm. Im Inneren zwei Basreliefs aus der Dürer-Schule, 16. Jh.; Rathaus von 1493; Stadttor mit Fachwerkaufbau aus dem 15. Jh.; Reste der alten Stadtbefestigung.

Haut-Koenigsbourg

Die Ritterburg steht auf einem vorspringenden Bergkegel, hoch über der Rheinebene; erste urkundliche Erwähnung aus dem 12. Jh. Ab dem 15. Jh. war sie Sitz berüchtigter Raubritter, die erst im Jahre 1462 durch eine gemeinsam durchgeführte Belagerung der Städte Straßburg und Basel bezwungen werden konnten. 1633 nahmen die Schweden die Burg ein und steckten sie in Brand. In den Jahren 1900 bis 1908 ließ Kaiser Wilhelm II. die Burganlage in ihrer heutigen Form auf Reichskosten wieder aufbauen.

Nach Durchquerung der äußeren Höfe kommen Sie über eine Zugbrücke zur eigentlichen Burg. Das Löwentor (Porte des Lions) führt zur Wachstube, dem 62 m tiefen Brunnen, dem Keller, der Küche und einem Speisesaal. Im Geschoß darüber sieht man den Festsaal mit großem Kamin, den Lothringer Saal, die Wohn- und Schlafzimmer und die Räume, die der Jagd gewidmet sind, sowie den Rittersaal mit zahlreichen Bannern und Waffen. Ein Schloßgarten führt zu den höher gelegenen Aussichtsplätzen und Verteidigungsanlagen.

Château Saint-Ulrich

oberhalb Ribeauvillé; eine der malerischsten und architektonisch interessantesten Anlagen der Vogesen. Vom Bergfried prachtvolle Aussicht auf Ribeauvillé und die Ebene. Die Burg wird bereits 1048 als Castrum Rappoltstein urkundlich genannt.

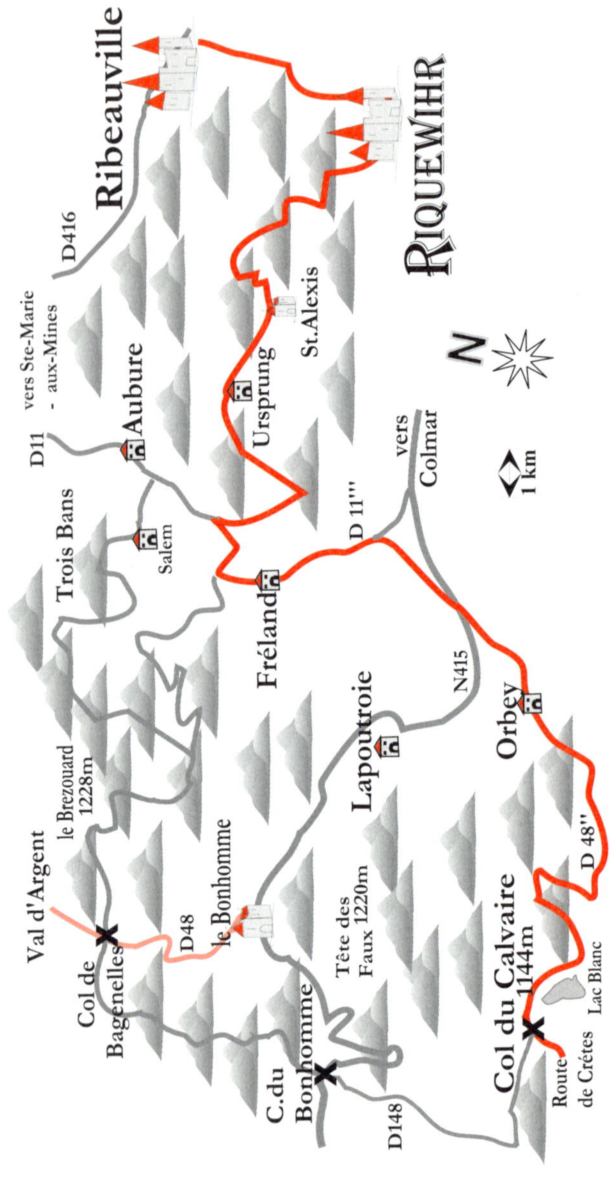

Ribeauville
Riquewihr
D416
vers Ste-Marie
- aux-Mines
D11
Aubure
Ursprung
St.Alexis
N
vers
Colmar
1 km
Trois Bans
Salem
D 11'''
Fréland
N415
Lapoutroie
Orbey
le Brezouard
1228m
Val d'Argent
D48
le Bonhomme
Tête des
Faux 1220m
D 48''
Col du Calvaire
1144m
Lac Blanc
Col de
Bagenelles
C.du
Bonhomme
D148
Route
de Crétes

STRECKENTELEGRAMM

Nach Riquewihr über die Route du Vin, die wir hier verlassen. Unser Weg führt durch den Ort und hinter dem Oberen Tor beginnt die (fast) autofreie Landstraße hinauf in den Hochwald nach Ursprung. Sie endet an der D 11, die von Aubure hinunter ins Tal führt. Hinter Fréland geht es rechts ab Richtung Hachimette und weiter nach Orbey. Auf der D 48" steiler Anstieg zum Lac Blanc und Col du Calvaire (1144 m), wo die Route des Crêtes beginnt.

Hinweis: In Riquewihr treffen die Radfreunde auf unseren Weg nach Santiago de Compostela, die von Freiburg aus gestartet sind (siehe Karte Seite 14)

INFORMATION

68340 Riquewihr
Office de Tourisme
Bahnstation Colmar
Hotel, Restaurant;
Campingplatz

Lapoutroie
Hotel, Restaurant; Gite d'etape, Ferme Camping

68370 Orbey
Hotel, Restaurant;

Lac Blanc
Rasthaus

Col du Calvaire
Hotel, Restaurant;

Ribeauvillé (Rappoltsweiler)

wird erstmals im Jahr 759 genannt als Lehen Fulrads, eines Kaplans Pippins des Kurzen; später ging der Ort in das Eigentum des salischen Kaiserhauses und des Bistums Basel über, bis die Grafen von Rappoltstein ihn in Besitz nahmen. In Rappoltsweiler, nahe der alten Völkerstraße entlang des Rheins, versammelten sich jedes Jahr zu Mariä Geburt am 8. September, alle „farende Lüte", um ihre Angelegenheiten zu ordnen und Recht zu sprechen. Nach beendigter Tagung zog man mit Musik und Glockengeläut zur Messe und dann hinauf ins Schloß, um dem „Pfeifferkönig", dem Grafen von Ribeaupierre, Huldigung und Tribut abzustatten.

Eglise Notre Dame, dreischiffige Basilika Baubeginn 1282; im Seitenschiff eine Muttergottes-Darstellung um 1470 mit einer für die elsässische Frauentracht typischen Flügelhaube als Kopfbedeckung. Tour de Bouchers (Metzgerturm), 13. Jh., obere Teile aus dem 16. Jh., ehemals Torturm zwischen Ober- und Unterstadt. Wehrtürme der alten Stadtumwallung, zum Teil mit Storchennestern. Vor dem Rathaus der Marktbrunnen von 1536.

Riquewihr (Reichenweier)

wird wegen seinem mittelalterlichen Ortsbild, das wohl nirgends im Elsaß so rein erhalten ist, die „Perle des Reblandes" genannt. Reichenweier wurde 1291 mit Mauern umgeben und 1320 zur Stadt erhoben. Seit 1324 gehörte es den Herzögen von Württemberg und erlebte unter ihnen zusammen mit Horbourg bei Colmar und Montbéliard (Mömpelgard), das wechselvolle Schicksal der linksrheinischen Besitzungen dieses Hauses. Der Ort wurde im Bauernkrieg 1525 und im Dreißigjährigen Krieg belagert, erstürmt, geplündert und später von Pest und Hungersnot heimgesucht. Im Jahr 1680 unter französische Verwaltung gestellt, kam das Städtchen 1801 durch den Frieden von Luneville endgültig zu Frankreich.

Die wohlerhaltenen Stadtmauern und Tortürme, prachtvolle Bürgerhäuser im gotischen und Renaissancestil wechseln mit reich geschmückten Brunnen und malerischen Höfen. Der Dolder am Place de la Sinn ist wohl der schönste Torturm des Elsaß. Er wurde 1291 errichtet, die Fachwerkgeschosse stammen aus dem 16. Jh.

Lac Blanc

Gletschersee, überragt vom burgartigen Felsen „Burg Hans"; bildet zusammen mit dem Lac Noir ein Wasserkraftwerk.

Lac Blanc
997
D48
Route des Crêtes
Lac Noir
Gazon du Faing
1303
D61
vers
Munster
Stosswihr
D417
N
C.de la Schlucht
1 km
D417
vers
Gerardmer
LE HOHNECK
1362m
Metzeral
D430
D34d
Kastelberg
Route des Crêtes
Rainkopf
D34A
C.de Bramont

STRECKENTELEGRAMM

Fahrt auf der Route des Crétes (Vogesenkammstraße), einer strategischen Straße aus dem 1. Weltkrieg, mit phantastischen Ausblicken auf Kraterseen und Vogesengipfel.

Am Col de la Schlucht (1139 m) nach rechts, ein kurzes Stück auf der D 417, dann links ab und weiter auf der Route des Crétes bis zur Abzweigung Richtung La Bresse (D 34 A / Route des Américains); hinunter zur D 34, dann links hinauf zum Col de Bramont (956 m)

INFORMATION

Col de la Schlucht
Hotel, Restaurant
Kreuzung D 417 Colmar-Gérardmer und Vogesenkammstraße, eine der meistbefahrenen Strecken der Vogesen; Ferienort und beliebtes Skigebiet; Camping Richtung Gérardmer am Lac Longemer.

Breitzhousen
Ferme Auberge an der Route des Crétes

Schnepfenried
Ferme Auberge

Metzeral
Ferme Auberge/Camping

le Hohneck

Eine der höchsten Erhebungen der Vogesen; großartiges Panorama vom Donon-Massiv bis zum Grand Ballon, sowie auf die elsässische Ebene und den Schwarzwald. Über den Gipfel des Hohneck verlief von 1871 bis 1918 die deutsch-französische Grenze; Grenzgraben und Grenzsteine sind noch vorhanden. Da es uns manchmal schwerfällt, daran zu glauben, daß dieses Land nicht immer nur Schlachtfeld war, sollen Sie nun etwas mehr über seine wechselvolle Geschichte erfahren.

Als erstes historisch faßbares Volk im Elsaß gelten zum Beginn der Eisenzeit die Kelten; während der Völkerwanderung alemannisch besiedelt, kam es im Jahr 496 nach Chlodwigs Sieg unter fränkische Herrschaft. Als Teil des lothringischen Mittelreiches fiel das Land 870 an das ostfränkische Reich und wurde 925 mit dem Herzogtum Schwaben vereinigt. In der Stauferzeit war das Elsaß ein ganz bedeutender Teil der königlichen Hausmacht. Die baufreudigen Staufer, insbesondere Kaiser Friedrich Barbarossa, errichteten allenthalben stattliche Burgen; durch Handel und Verkehr erblühten die Städte, ein reiches geistiges Leben entfaltete sich im Land. Von dieser großen Zeit legen noch heute viele romanische Kirchen und Klosterbauten eindrucksvolles Zeugnis ab. Nach dem Untergang der Staufer zerfiel das Land in eine große Zahl weltlicher und geistlicher Territorien.

Von großer Bedeutung waren die Reichsstädte Straßburg, das sich von der bischöflichen Oberhoheit befreien konnte, Weißenburg, Hagenau, Schlettstadt, Colmar und andere, die sich im 14. Jh. in der »Dekapolis« vereinten. Elsässisches Selbstbewußtsein erfüllte auch die aufständischen Bauern, die ihren Forderungen durch den Zusammenschluß im »Bundschuh« Nachdruck verliehen. Nach dem Dreißigjährigen Krieg kamen 1648 durch den Westfälischen Frieden die habsburgischen Besitzungen im Elsaß an Frankreich.

Auch Sprache und Schrift im Elsaß haben ihre Geschichte, wobei ein Dokument aus dem Jahre 842 für die französische und deutsche Sprache von höchster Bedeutung ist. Es handelt sich um die sogenannten »Straßburger Eide« in den Volkssprachen der west- und ostfränkischen Karolinger. Der Text stellt im gallorömischen Teil eine frühe Stufe des Französischen dar, im ostfränkischen Textteil ein sehr frühes Deutsch. Bereits zur Zeit der ersten Jakobspilger verlief die Sprachgrenze mitten durch Lothringen, in dessen westlichem Teil französisch, im östlichen eine fränkische, vom alemannischen beeinflußte Mundart gesprochen wurde.

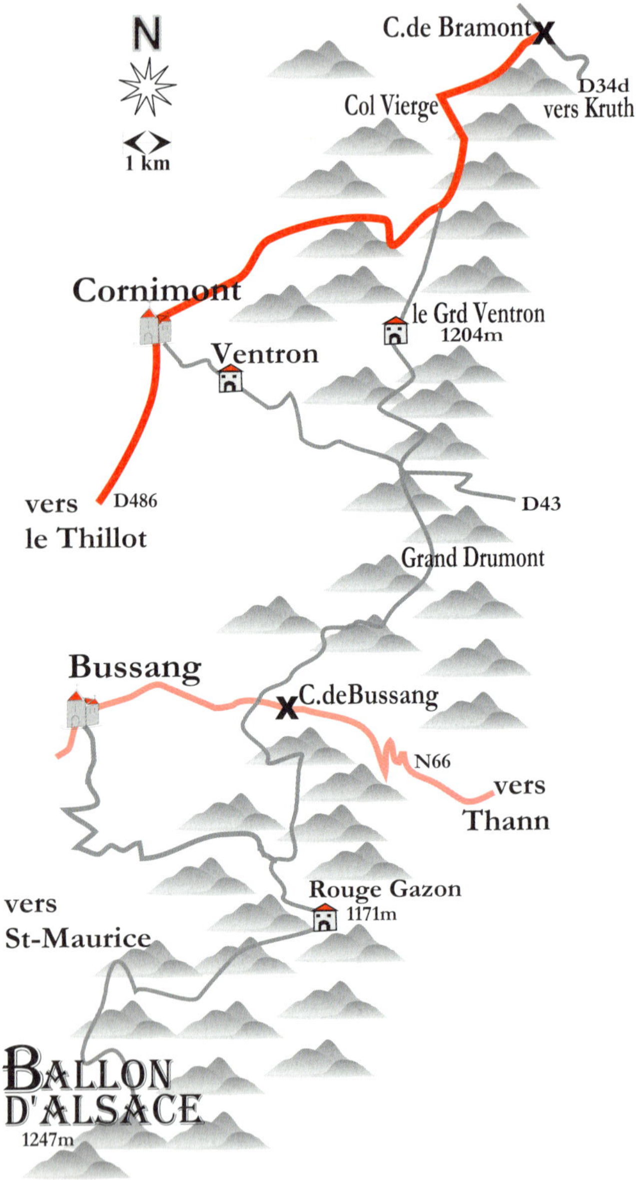
N
1 km
C.de Bramont
D34d
vers Kruth
Col Vierge
Cornimont
le Grd Ventron
1204m
Ventron
D43
vers
D486
le Thillot
Grand Drumont
Bussang
C.deBussang
N66
vers
Thann
Rouge Gazon
1171m
vers
St-Maurice
BALLON
D'ALSACE
1247m

STRECKENTELEGRAMM

Am Col de Bramont von der D 34 rechts ab auf die schmale Straße durch den Wald zum Col de la Vierge (1067 m) und weiter Richtung Grd. Ventron. An der Abzweigung nach Cornimont hinunter ins Tal der Moselotte (erholsame Waldabfahrt). Auf der D 486 weiter Richtung le Thillot.

INFORMATION

Grand Drumont
Ferme du Drumont (Unterkunft)

88310 Cornimont
Hotel, Restaurant;
Camping;
Ferme Auberge

88540 Bussang
Syndicat d'Initiative,
Rue d'Alsace
Hotel, Restaurant;
Campingplatz; Ferme Auberge / Gîte d'étape

68800 Thann
Bahnstation;
Office de Tourisme
Hotel, Restaurant;
Campingplatz

Col de Bussang

Col de Bussang (deutsch: Paß zur Linde), 731 m; liegt zwischen dem Bergmassiv des Drumont, 1200 m, im Norden und der Tête des Allemands, 1004 m, im Süden. Busverbindung von/nach Thann und Bussang, bekanntes Touristenzentrum. Bussang besitzt Mangan- und eisenhaltige Mineralquellen für Trinkkuren; Moselquelle (Quellfassung, Darstellung des Mosellaufs)

Thann

Der Ort erscheint erstmals in Urkunden des 10. Jh. Im Mittelalter war er im Besitz der Habsburger; nach dem Westfälischen Frieden fiel Thann an Frankreich. 1658 schenkte Ludwig XIV. die Stadt dem Kardinal Mazarin und seinen Erben. Fürst Rainier von Monaco, später Nachfolger Mazarins, trägt noch heute u. a. den Titel eines Grafen von Thann. Das Collégiale Saint-Thiébaut (Theobaldusmünster) gehört zu den schönsten gotischen Bauten des Elsaß. Theobaldus- und Winzerbrunnen, Hexen- und Storchenturm sind Reste der alten Stadtbefestigung und Wahrzeichen der Stadt. Der Ort galt im Mittelalter als Sammelplatz für Jakobspilger.

Ballon d'Alsace

auch Elsässer- oder Welscher-Belchen genannt; südlichster Hochgipfel der Vogesen. Der Belchen ist eine weite Kuppe, die nach Osten hin steil und zerklüftet in das Tal der Doller abfällt. Auf dem Gipfelplateau stehen die Statuen der Muttergottes und der Jungfrau von Orleans, eine Orientierungstafel und (unterhalb der Straße) das Monument des Demineurs. Das Panorama ist großartig; fächerförmig breiten sich die Berge und Täler der Hohen und Niederen Vogesen zu Füßen des Berges aus. Bei guter Sicht Blick bis zu den Schweizer Alpen.

Was nützt es dem Menschen, geliebte Brüder und Schwestern, eine Pilgerfahrt zu beginnen, wenn es nicht rechtmäßig geschieht? Deshalb möge zurecht derjenige, der sich zum Heiligtum des hl. Jakobus begibt, vor Beginn seiner Reise denen, die ihm Unrecht zugefügt haben, vergeben, alle Vorwürfe, die andere oder sein Gewissen ihm machen, wenn möglich, beilegen, von seinem Geistlichen, seinen Untergebenen, seinem Weib oder mit wem er sonst verbunden ist, eine rechtmäßige Erlaubnis einholen, wenn möglich zurückgeben, was er unrechtmäßig besitzt, Meinungsverschiedenheiten in seinem Herrschaftsbereich bereinigen, die Buße aller annehmen, sein Haus in Ordnung zurücklassen und über seine Güter nach Rat seiner Verwandten sowie Priester als Almosen für seinen Todfall verfügen.

STRECKENTELEGRAMM

Auf der D 486 von Cornimont nach le Thillot. An der Kreuzung in der Ortsmitte links, kurz danach rechts auf die D 486 Richtung Servance, hinauf zum Col de Croix (678 m). Hier zweigt rechts die D 57 ab, der wir in Richtung Nord-West, entlang dem GR 7, bis zum Col du Mt. de Fourche folgen.

INFORMATION

88610 Le Thillot
Syndicat d'Initiative
Hotel, Restaurant;
Ferme Auberge

Col des Croix
678 m, Gasthaus
Östlich von hier liegt Château Lambert; die kleine Kirche ließ ein spanischer König errichten.

St-Maurice sur-Moselle
Syndicat d'Initiative
Hotel, Restaurant;

Ballon d'Alsace
1247m; Gasthaus

Ballon de Servance
Orientierungstafel

La Haute Fourche
620m, Gite de Etape

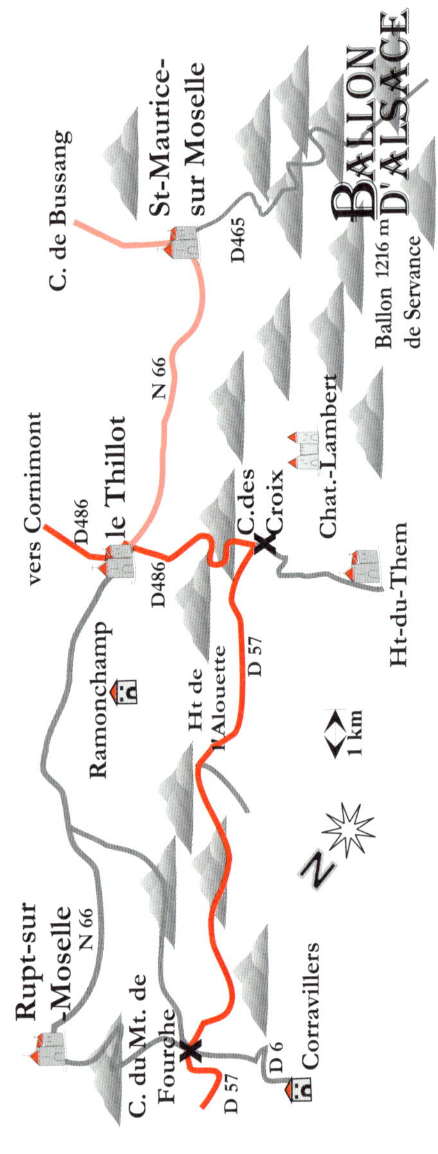

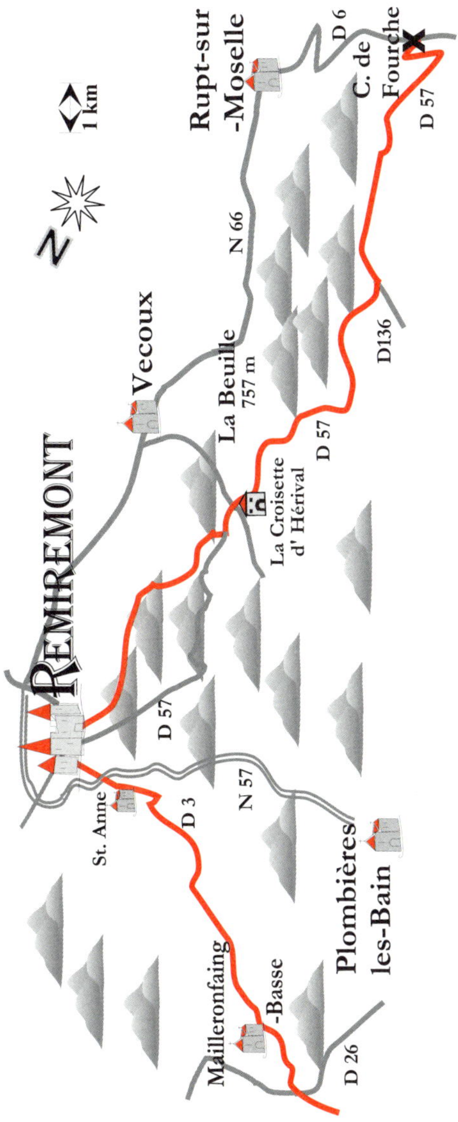

STRECKENTELEGRAMM

Vom Col du Mt. de Fourche (620 m) weiter auf der D 57 über La Croisette d'Hérival (Ausflugslokal) auf den Talweg (die D 57 links liegen lassen) nach Remiremont.

Durch den Ort in Richtung St. Nabord; am Intermarche rechts abbiegen nach St. Anne (Ferme-Camping neben der Kapelle) und auf der D 3 weiter nach Mallleronfaing.

INFORMATION

88200 Remiremont

Syndicat d'Initiative 2,
Pl. H.-Utard
Hotel, Restaurant;
Ferme Camping St.Anne

Vom 11. Jh. bis 1789 war Remiremont Sitz eines bekannten Edelfrauenstifts, dessen Äbtissinnen den Titel „Prinzessin des Heiligen Reiches" trugen. Eglise St. Pierre Klosterkirche des 13. bis 16. Jh. mit alter Krypta aus dem Jahre 1049. Hotel de Ville von 1752 (Ancien Palais Abbatial) ehemaliges Abtissinnenkloster. Malerische mittelalterliche Arkaden in der Grande-Rue General-de-Gaulle.

STRECKENTELEGRAMM

Auf der D 3 von Mailleronfaing-Basse leichter Anstieg nach Bellefontaine und hinunter nach Xertigny. Auf der D 3 beim kleinen Weiler la Gare in Richtung Rasey; dort nach rechts, ein kurzes Stück am Canal l'Est entlang bis zur Brücke bei la Moye. Nach dem Überqueren des Kanals leichter Anstieg auf der D 3 bis Charmois l'Orgueilleux; im Ort links ab Richtung la Neuve Verrerie.

– Wegzeichen –

Wer sich auf den Weg macht, fragt nach dem Sinn seines Lebens. Das Wort „Sinn" bedeutet ursprünglich reisen, sich begeben, einen Weg finden. Gehen heißt also, auf etwas sinnen, nach dem Sinn fragen, nach dem Ziel suchen.

G

INFORMATION

88220 Xertigny
Information Mairie
Hotel, Restaurant

Uzemain
Ferme Auberge; Gite d'étape

Charmois
Restaurant

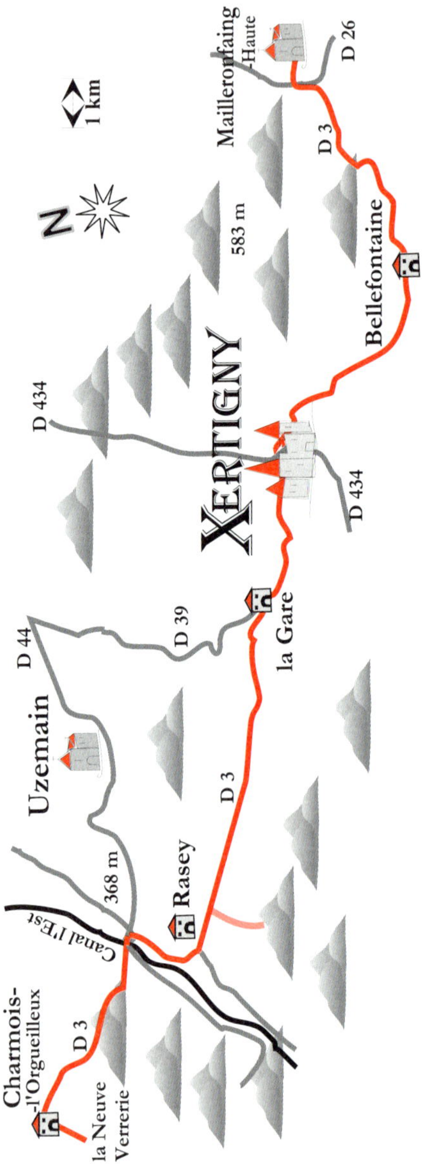

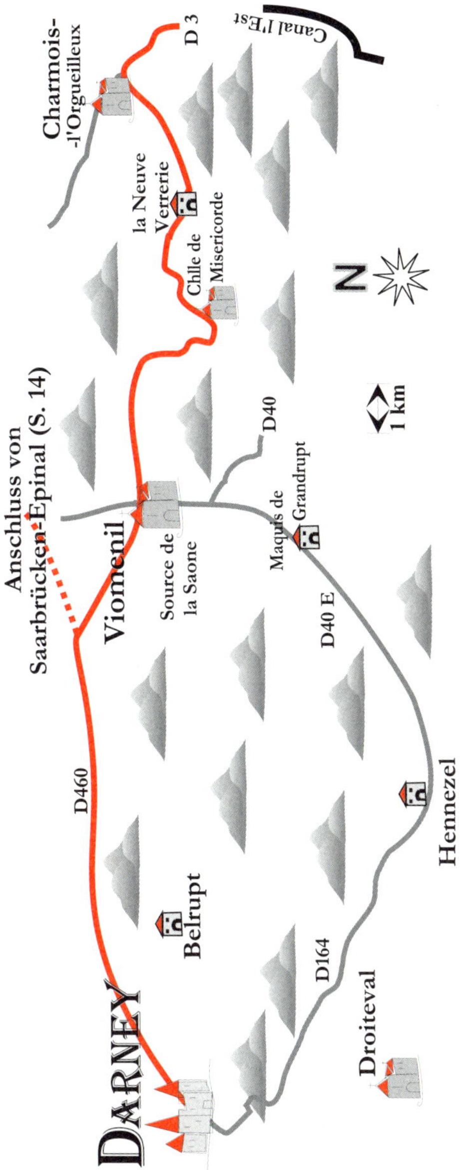

STRECKENTELEGRAMM

Via la Neuve Verrerie durch hügeliges Gelände zur Chapelle de la Misericorde; auf der Waldkreuzung rechts ab nach Viomenil (Saonequelle, siehe unten). Über die gut ausgebaute Landstraße D 460 nach Darney

INFORMATION

88260 Viomenil

Hotel, Restaurant;

Seit ca. 500 v.Chr. lebten Kelten am Menamont, die der Saone-Quelle und dem Fluß den Namen der Göttin Sagona gaben.

Die Legende erzählt vom Fisch Klupea, der bis zur Quelle schwamm, dort einen Kieselstein holte und in das Rhônedelta transportierte, wo das Sumpffieber herrschte. Die Kranken, die den Stein berührten, wurden geheilt. Gallische Münzen, die in der Münze von Solina geprägt wurden, zeigen auf der Rückseite das Profil des Fisches Klupea.

88260 Darney

Hotel, Restaurant; Ferme Auberge

Am Ortseingang Kalvarienberg von 1758; Kapelle Notre Dame de Pitie. Alter Ortskern mit Burgturm.

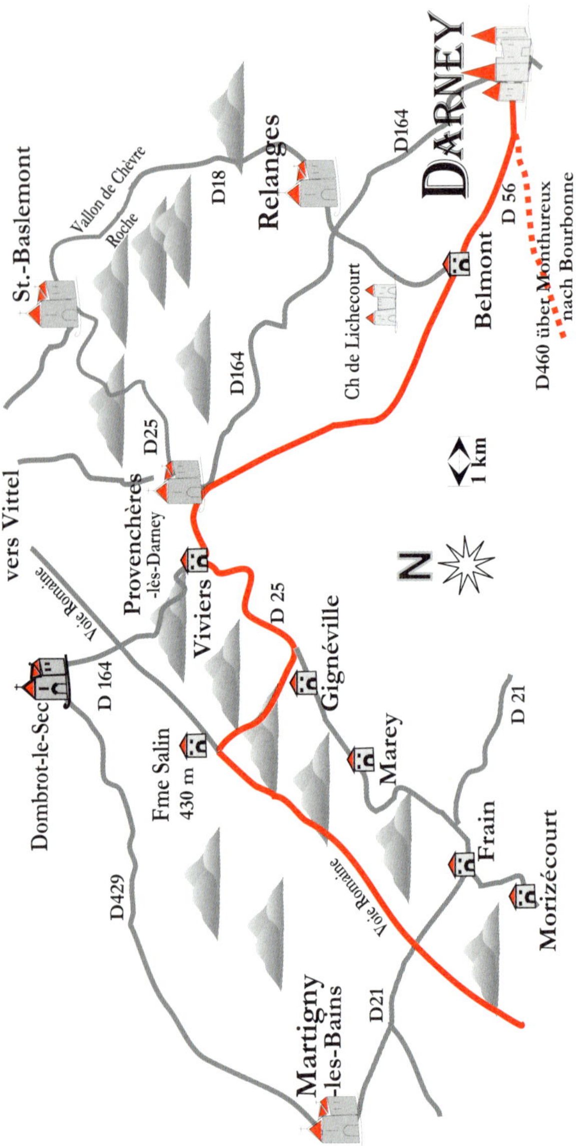

DARNEY
Relanges
St.-Baslemont
Vallon de Chèvre
Roche
D18
D164
D56
D460 über Monthureux
nach Bourbonne
Belmont
Ch de Lichecourt
D164
D25
Provenchères
-lès-Darney
vers Vittel
Voie Romaine
Viviers
D 25
Gignéville
N
1 km
Dombrot-le-Sec
D 164
Fme Salin
430 m
Marey
D 21
Frain
Morizécourt
Voie Romaine
D429
D21
Martigny
-les-Bains

STRECKENTELEGRAMM

Sie haben die Wahl: Von Darney auf der D 460 durch hügeliges Gelände direkt nach Bourbonne oder streckenweise über eine antike Römerstraße (heute besserer Feldweg).

Für diese Route verlassen wir Darney ebenfalls auf der D 460 bis zur Abzweigung der D 56 über Belmont nach Provenchères. Hier links ab auf die D 25; in Gignéville rechts ab und leichter Anstieg zum *Voie Romaine* (Wanderwegmarkierung GR 7), auf den wir in südwestlicher Richtung einbiegen.

Vittel

Schon zur Römerzeit genoß der Ort einen guten Ruf als Heilbad. Durch seine günstige Höhenlage im Tal des Petit Vair, am Rand der Vogesen und an der Route Verte, und seine reizvolle Umgebung war er bis in die dreißiger Jahre eines der meist besuchten Bäder Frankreichs bei der Behandlung von Leber- und Nierenleiden.

Eglise Saint Rémy, spätgotischer Bau von 1500. Bemalter Hochaltar von Claude Bassot, 16. Jh., und Madonna de Pitie, 16. Jh; Chapelle Saint-Eloi, Rue Saint-Eloi, im 13. Jh. erbaut, restauriert.

INFORMATION

88800 Vittel
Bahnstation
Syndicat d'Initiative,
Palais des Congres,
Hotel, Restaurant;
Campingplatz

Provenchères
Gasthaus

Voie Romaine

Ich war recht gespannt auf den alten Römerweg; in meiner Fantasie sah ich die römischen Streitwagen, die hier vor fast 2000 Jahren von Bourbonne-les-Bains nach Vittel unterwegs waren. Doch weder Wagenspuren noch römische Meilensteine sind zu sehen und auch die Gedanken der marschierenden Legionäre wollten nicht so recht „rüberkommen".
Trotzdem: die Fahrt auf der Trasse des GR 7 ist eine empfehlenswerte, erholsame Strecke ohne Verkehr.

STRECKENTELEGRAMM

Der Römerweg mündet in die D 25 nach Mont lès Lamarche. Etwas später zweigt rechts die D 144 nach Serqueux ab und auf der D 139 kommen wir nach Bourbonne les Bains. - Die D 26 führt aus dem Kurort hinauf zum Tierpark (Parc Animalier) und weiter in Richtung Coiffy le Haut.

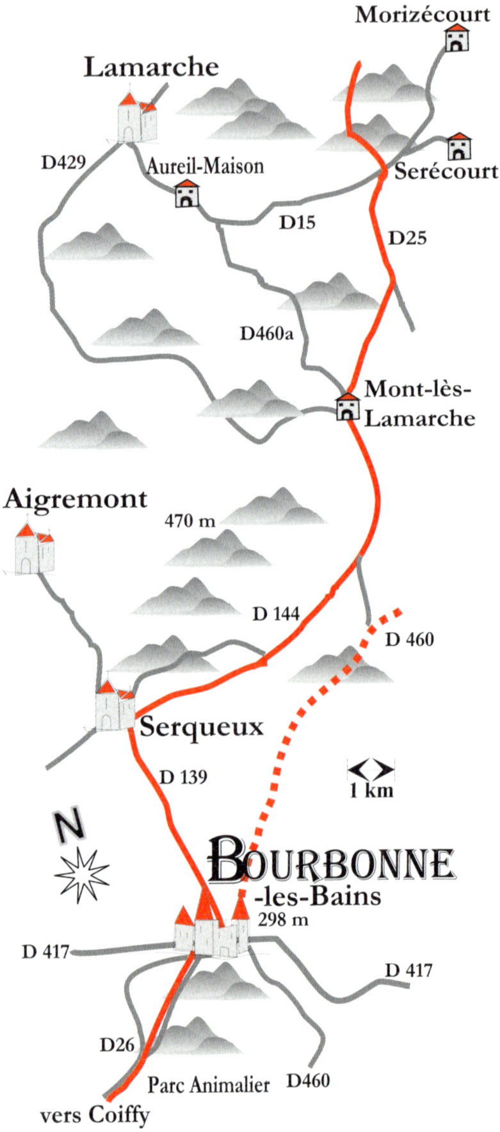

INFORMATION

52400 Bourbonne les-Bains
Office de Tourisme
Hotel, Restaurant;
Logis de France
Camping

Sehr alte Stadt; Thermalbad; im städt. Museum Arboretum Funde aus gallo-romanischer Zeit.

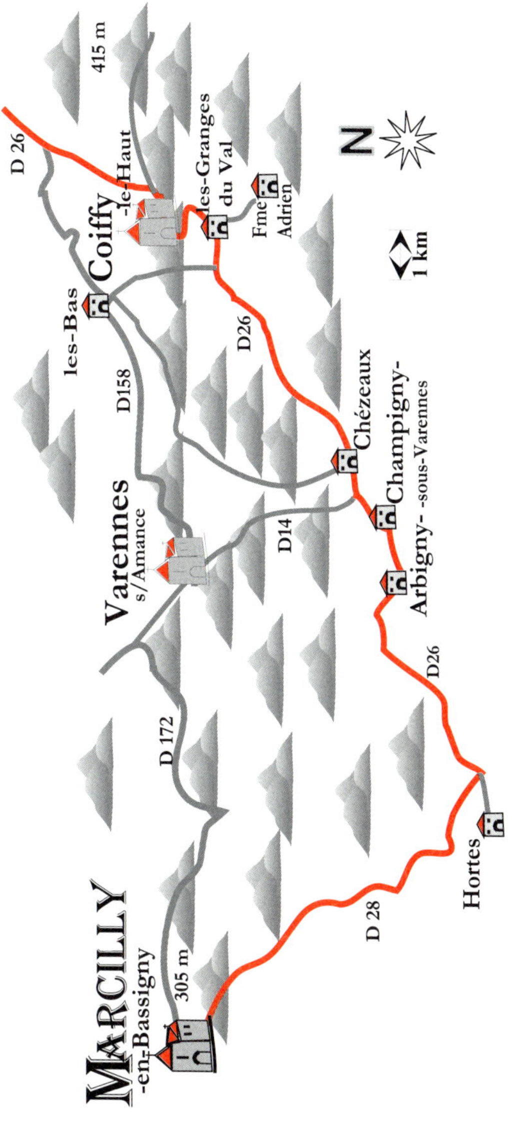

STRECKENTELEGRAMM

Uber die D 26 nach Coiffy Ie Haut und Chézeaux; in les Granges du VaI Abzweig zur Ferme-Auberge Adrien. Die D 26 führt weiter Richtung Champigny und Arbigny s/s Varennes, durch hügeliges Gelände. Vor Hortes rechts ab und auf der D 28 leichter Anstieg nach Marcilly en Bassigny.

INFORMATION

Coiffy-Ie Haut
Gasthaus; Camping

les Granges du VaI
Ferme-Auberge Adrien

52360 Marcilly en-Bassigny
Gasthaus

Besuch von Andilly-en-Bassigny (nördl. Marcilly); Ausgrabungsort einer bedeutenden gallo-romanischen Siedlung aus dem 1./2. Jh. In merowingischen Gräbern fand man Waffen und Gerät, die in einem eigenen Museum gezeigt werden.

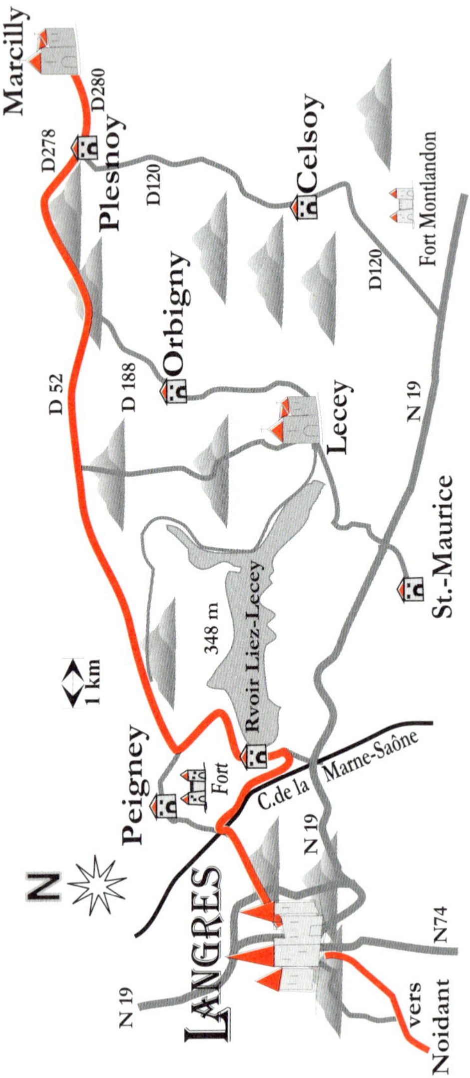

Marcilly
D280
D278
Pleshoy
D120
Celsoy
Fort Montlandon
D120
Orbigny
D 188
D 52
Lecey
N 19
St.-Maurice
Rvoir Liez-Lecey
348 m
1 km
Peigney
Fort
C.de la Marne-Saône
N 19
N
LANGRES
N74
N 19
vers Noidant

STRECKENTELEGRAMM

Über die D 280 nach Plesnoy; in der Ortsmitte rechts ab auf die D 278; leichter Anstieg bis zum Abzweig der D 52 Richtung Langres. Vor Peigney links hinunter zum Restaurant an der Staumauer (Freibad); im Bogen zum Marne/Saône-Kanal; auf dem Uferweg zur Brücke und hinauf nach Langres. - An der Kreuzung N 74/N 19 in die Av. Cap. Baudoin bis zum Haus „Les Cyclamens"; hier rechts ab Richtung Buzon und Noidant.

Montlandon

Militärische Festung (Fort Mortier), errichtet von 1883 bis 1885, die jüngste Befestigung des Verteidigungsgürtels von Langres. Sie war dazu bestimmt, die Schützengräben der Stadt Langres zu decken sowie die Senke zur Burgundischen Pforte (Trouée de Belfort) zu beherrschen. Seit einigen Jahren ist hier ein Bauernhof eingerichtet mit speziellen Kasematten für den Empfang und die Verköstigung der Gäste. Führung durch die Festung und das Gehöft. Auf Wunsch nach der Besichtigung ein Imbiß auf dem Bauernhof (Ziegenkäse und hausgemachte Topfpasteten).

Langres

liegt auf einem Felsvorsprung über der Hochebene; herrliches Panorama vom Tour Saint-Ferjeux (15. Jh.). Folgen Sie von hier aus dem empfohlenen Stadtrundgang über die 4 km langen Wallanlagen, bestehend aus 6 Toren (das sehenswerteste ist das Mühlentor Porte des Moulins, 1647) und 7 Türmen, Meisterwerke militärischer Baukunst Ende des Mittelalters. Ein römisches Tor, heute in die Stadtmauer eingefügt, erinnert an die Zeit, als Langres die Hauptstadt eines bedeutenden Stammes der Gallier, der Lingons, war.
In der Saison begleitet Sie ein Hellebardenträger auf der Runde zur Erkundung der 2000-jährigen Geschichte der Stadt. Kathedrale Saint-Mammes mit interessantem Kreuzgang (Bibliothek); die *Ville Capitulaire* vor der Kirche; Turm von Navarre; die kleine, mittelalterliche Kirche St. Fejeux. Eine moderne Seilbahn verbindet die Unter- mit der Oberstadt.

INFORMATION

52200 LANGRES
Bahnstation, Flugplatz
Office de Tourisme
Hotel, Restaurant;
Logis de France
Camping Navarre

Das Hochplateau von Langres bildet die Wasserscheide von Seine, Rhône und Rhein; es erstreckt sich vom Süden der Champagne bis nach Dijon und Châtillon-sur-Seine.

So wie die Menge der Gläubigen einstmals ein Herz und eine Seele war und nichts zu eigen, sondern alles gemeinsam besaß, so soll den Pilgern alles gemeinsam gehören, sie seien ein Herz und eine Seele. Es ist äußerst schimpflich und eine große Schande, ja eine schwerste Sünde, wenn ein Pilger hungrig, der andere aber trunken ist. Alles, was geteilt wird, erstrahlt heller. Der Pilger, der mehr Nahrung als nötig mit sich trägt und nicht mit den Bedürftigen teilt, sondern sie nach Hause zurückbringt, sei mit Ananias und Saphira verdammt, die den Preis des verkauften Ackers zurückhielten und nach der Verdammung durch den hl. Petrus unmittelbar den Tod erlitten.

STRECKENTELEGRAMM

Durch die Felder nach Noidant le Rocheux und weiter auf der D 319 nach Perrogney les Fontaines. Über die D 143 zur Landstraße D 428; ein kurzes Wegstück Richtung Auberive, bis rechts der „Circuit Cyclotouristique" (Radweg) abzweigt. In Auberive zurück auf der D 428, bis rechts die D 20 in Richtung Vivey abzweigt.

INFORMATION

Perrogney
Gasthaus

52160 Auberive
Hotel, Restaurant; Camping

Kleiner idyllischer Ort am Flüsschen l'Aube; die 1135 gegründete Abtei ist leider nicht zu besichtigen. Bemerkenswert das kunstvolle schmiedeeiserne Gitter von Jean Lamour.
Wildpark in Montavoir.

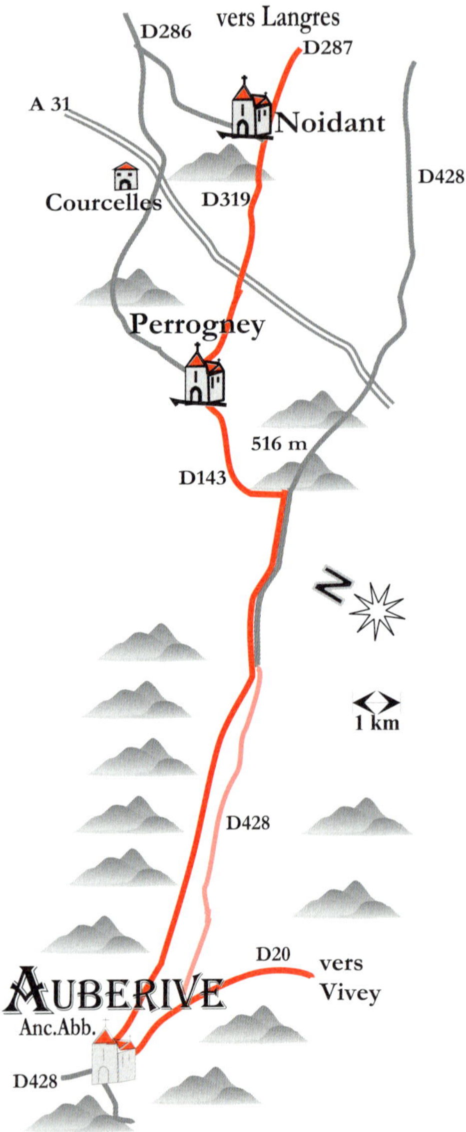

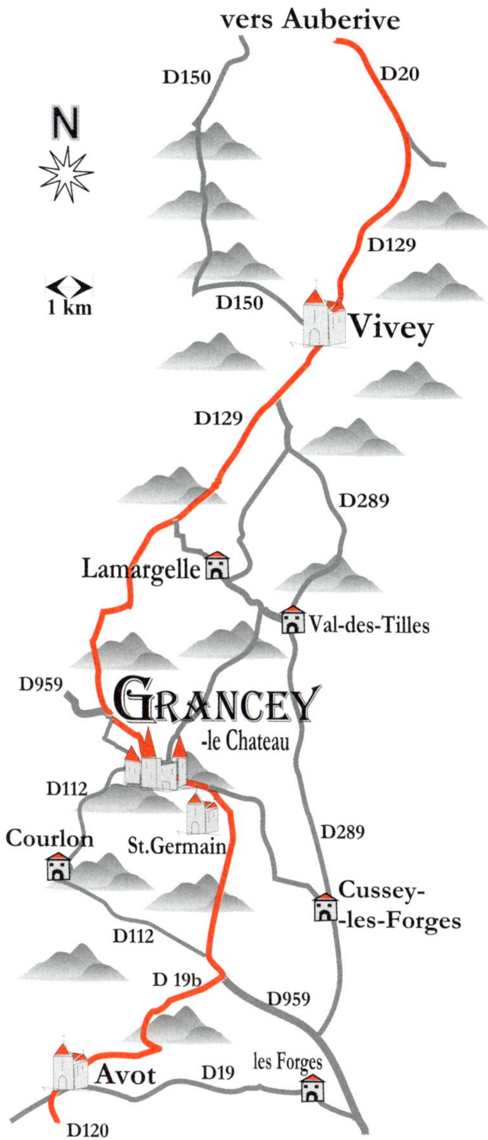

STRECKENTELEGRAMM

Auf der D 129 nach Vivey und weiter (ansteigend) nach Grancey le Château. Noch vor dem Ort kommen wir auf die D 959, fahren an Grancey vorbei, bis rechts die D 19b nach Avot abzweigt. Dort nehmen wir am Ortsausgang die D 120 Richtung Avelanges.

INFORMATION

52160 Vivey
Gasthaus

Lamargelle
Ferme Auberge

21580 Grancey - le-Chateau
Information
Hotel, Restaurant; Camping
Befestigungen aus dem 10. Jh., befestigtes Tor; Stiftskirche St. Jean (13. Jh.), St. Germain (15. Jh.). Oberstadt mit Collegiale.

Avot
Restaurant mit Gartenwirtschaft

STRECKENTELEGRAMM

Auf der D 120, später D 112 leichter Anstieg nach Poiseul; hinter dem Ort rechts ab auf die D 112 P Richtung Courtivron, bis zur D 901. Hier links und nach ca. 500 m auf der stark befahrenen Straße rechts ab nach Tarsul. Im Ort links halten - die Rue de Vernot ist als GR 7 ausgeschildert. Auf der D 996 ansteigend nach Saussy; am Ortsrand rechts ab nach Curtil.

INFORMATION

21120 Tarsul
Restaurant

21120 Vernot
Restaurant

Nordostburgund

Früher stand nie so richtig fest, ob die Gegend zwischen den Flüssen l'Aube, Tille und Vingeanne zu Burgund, Champagne oder Franche-Comte gehörte. Es ist eine wundervolle Region mit endlosen Wäldern, Schlössern und Burgen. Diesem von Wasser und Vegetation beherrschten Land ist man im Nu verfallen; seine Verführungskraft, so heißt es, „tat ihre Wirkung auf alle, die diese entlegenen Gebiete Burgunds bereisten, noch bevor die wohlhabenden Adligen des Aufklärungszeitalters sie für sich entdeckt hatten".

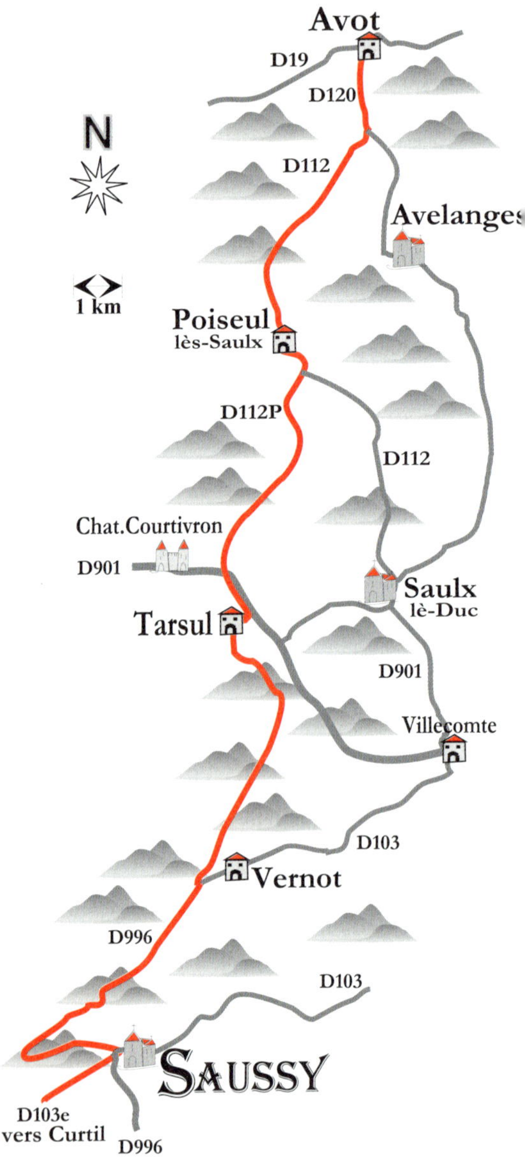

STRECKENTELEGRAMM

Von Saussy über die D 996 nach Curtil St. Seine; im Dorf zweigt links die D 103 E ab und führt hinunter nach Ste. Foy. Auf der D 7 durch das idyllische Val Suzon Richtung Messigny; vor dem Ort rechts ab und steil hinauf nach Etaules. Dort nach Darois abbiegen; nach Erreichen der N 71 nach links ca. 1 km, bis rechts die D 104 nach Prenois abbiegt. Noch vor Pasques geht es links zum „Circuit automobile" und auf der D 10 hinunter Richtg. Plombières, bis rechts eine schmale Straße nach Velars abzweigt (GR 7 - Markierung).

Dort die Ouche überqueren und auf die D 905 Richtung Sombernon.

INFORMATION

Sainte-Foy
Auberge mit Gartenrestaurant

Darois
Hotel, Restaurant;

21370 Velars sur-Ouche
Office de Tourisme
Hotel, Restaurant;

Von Velars gute Verbindung nach

21000 Dijon
Bahnstation; Flughafen Neuilly; Accueil de France, place Darcy
Hotel; Restaurant;
Logis de France; Camping;
Jugendherberge

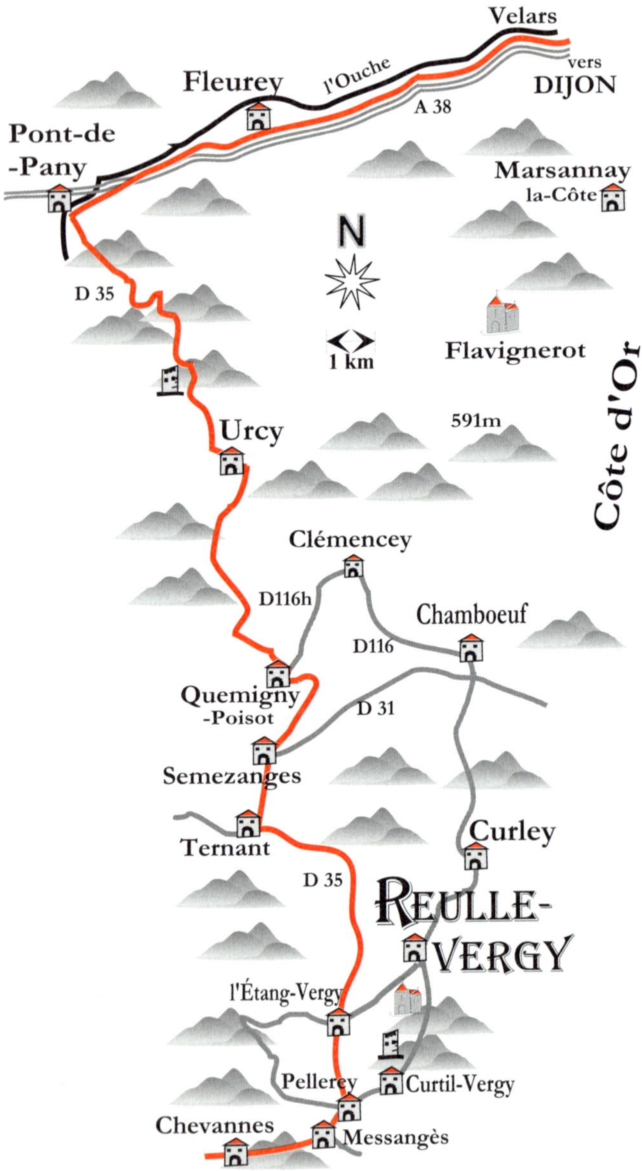
Velars
vers
DIJON
l'Ouche
Fleurey
A 38
Pont-de
-Pany
Marsannay
la-Côte
N
D 35
1 km
Flavignerot
Côte d'Or
591m
Urcy
Clémencey
D116h
Chamboeuf
D116
Quemigny
-Poisot
D 31
Semezanges
Ternant
Curley
D 35
REULLE-
VERGY
l'Étang-Vergy
Pellerey
Curtil-Vergy
Chevannes
Messangès

STRECKENTELEGRAMM

Die D 905 verläuft zwischen Kanal und Autobahn, an Fleurey vorbei nach Pont-de-Pany; hier links ab und Aufstieg über Urcy nach Quemigny, Semezanges und Ternant. Weiter auf der D 35 nach Étang-Vergy, und über Pellerey nach Messangès. Erneuter Anstieg nach Chevannes.

INFORMATION

Pont de Pany
Hotel, Restaurant;

21220 Reulle-Vergy
Tourist Information; Restaurant

Kirche aus dem 12. Jh.; sehenswertes Rathaus, aufgesetzt auf ein ehemaliges Waschhaus. Gegenüber dem Rathaus das »Musee des Arts et Traditions des Hautes-Côtes«; Funde aus der Bronze- und gallo-römischen Zeit sowie dem Mittelalter; Weinbau und Geschichte der Region.

Das Land der Burgunder

Der germanische Volksstamm der Burgunder zog während der Völkerwanderung zunächst in das Weichselgebiet, war im 4. Jahrhundert an Main und Rhein ansässig, wovon die Nibelungensage erzählt. 435 siedelten die Burgunder in der westlichen Schweiz und dem Rhônegebiet; Zentren des neuen Burgundischen Königreichs waren Genf und Lyon. Unter König Gundobald erreichte es seine größte Ausdehnung, verlor jedoch im Kampf mit den Merowingern im Jahr 523 seine Selbständigkeit und wurde Bestandteil des merowingisch-fränkischen Reiches. Von den Reichsteilungen unter den Nachfolgern Karls des Großen war insbesondere das burgundische Gebiet betroffen. Im westfränkischen Reichsteil entstand zwischen dem Oberlauf der Loire und der Saône das Herzogtum Burgund. Das Reich Lothars, im Vertrag von Verdun 843 zwischen Ost- und Westfrankenreich gebildet, zerfiel sehr bald in eine nördliche Hälfte, »Lotharingen« genannt, und die südlichen Teilgebiete Hochburgund (später Franche-Comte) und Niederburgund mit dem Rhônegebiet und der Provence, nach der Hauptstadt Arles auch »Arelat« genannt. 947 wiedervereinigt, fiel das Königreich Burgund 1033 im Erbgang an das Reich, wie 100 Jahre vorher das Herzogtum Lothringen. Von 1363 bis 1477 war Burgund das französische Herzogtum mit der Hauptstadt Dijon, das sich unter den *Grands Ducs de Bourgogne* aus der Seitenlinie der Valois (Philipp der Kühne, Johann Ohnefurcht, Philipp der Gute, Karl der Kühne) zu einer bedeutenden politischen Macht entwickelte.

Dijon

Die Stadt geht auf das römische Kastell *Divio* zurück, das an der Straße von Lyon *(Lugdunum)* nach Mainz *(Moguntiacum)* lag. Gründung der Abtei Saint-Bénigne im Jahr 525; 1015 wurde Dijon von Robert I., Herzog von Burgund, als Hauptstadt gewählt. Mit Herzog Philipp dem Kühnen (1364-1404) begann die glanzvollste Zeit der Stadt. Ihr Ruhm und ihre Bedeutung endete mit dem Tod Karls des Kühnen 1477, als sie an die französische Krone zurückfiel. Von ihrer großen Zeit als Hauptstadt des burgundischen Reiches künden der teilweise erhaltene Palast der Herzöge und die Kirche Notre-Dame, um 1220 bis 1250 erbaut, mit besonders stilreiner Fassade in burgundischer Gotik. Durch die dreischiffige Vorhalle erreicht man die drei Portale der Westfront. Im Innern beachtenswerte Glasfenster des 13. Jh. im linken Querschiff; in der Kapelle des rechten Querschiffs die hochverehrte »Schwarze Madonna« des 12. Jh. Fachwerkhäuser des 15.-18. Jh. in der Rue des Forges.

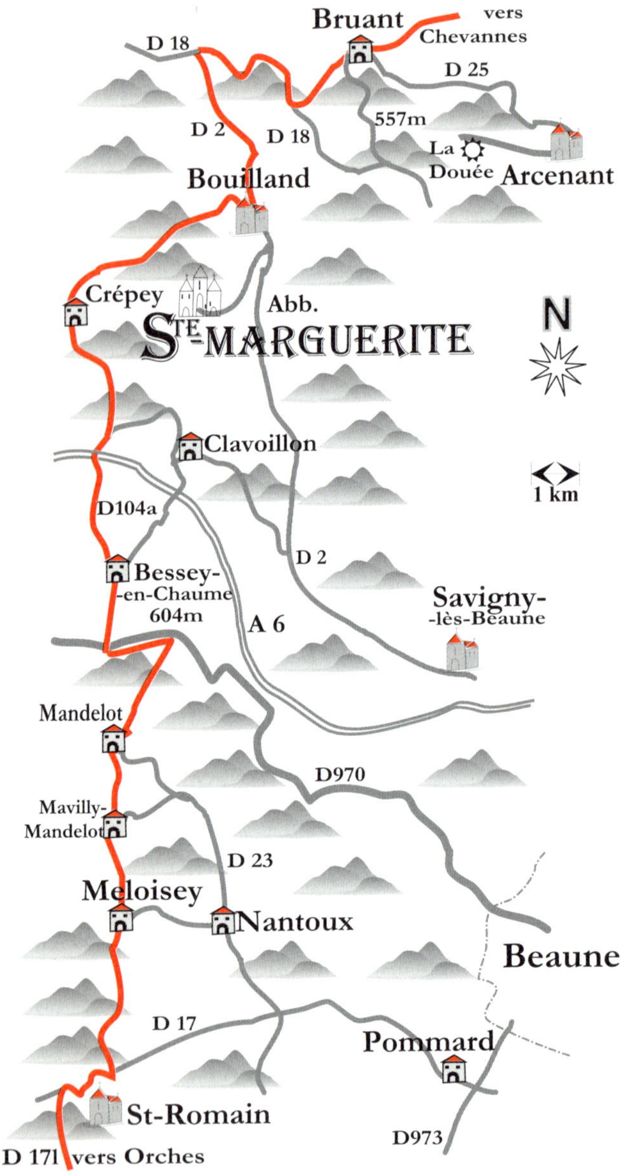
Bruant
vers Chevannes
D 18
D 25
557m
D 2
D 18
La Douée
Arcenant
Bouilland
Crépey
Abb.
STE-MARGUERITE
N
Clavoillon
1 km
D104a
D 2
Bessey--en-Chaume
604m
A 6
Savigny--lès-Beaune
Mandelot
D970
Mavilly-Mandelot
D 23
Meloisey
Nantoux
Beaune
D 17
Pommard
St-Romain
D973
D 171
vers Orches

STRECKENTELEGRAMM

Von Chevannes leichter Anstieg nach Bruant (Richtung Pont d'Ouches) und auf der D 25 weiter bis zum Abzweig hinunter nach Boilland. Am Ortseingang rechts Richtung Crépey (kurze starke Steigung) und weiter auf der D 7 und D 104 A nach Bessey en Chaume. Hier Richtung Beaune zur D 970, links ab und nach ca. 500 m scharf rechts nach Mandelot. Im Ort rechts auf die D 23/111 nach Meloisey; im Ort der GR-7-Markierung folgen. Vor St. Romain rechts Richtung N 6; nach den Serpentinen links ab auf die D 171 oberhalb des Felsabbruchs nach Orches.

INFORMATION

21420 Bouilland
Hotel, Restaurant;
21190 MELOISEY
Hotel, Restaurant;
St-Romain
Maison du patrimoine;
Hotel, Restaurant;
21200 Beaune
Bahnstation; Office du Tourisme
Hotels, Restaurants;
Logis de France Camping

Bouilland

im Tal der Rhoin; das sprudelnde Wasser (eaux bouillonnantes) des Flusses gaben dem Dorf seinen Namen. Wir besuchen die Ruinen der Abtei Sainte-Marguerite; die Choräle der weißgekleideten Augustinermönche, die sie im 9. Jh. gegründet hatten, sind schon lange verstummt. Zwischen den Säulen der gotischen Kirche wandert der Blick ungehindert in einen strahlend blauen burgundischen Himmel.

Beaune

Der Ort war ursprünglich ein gallisches Heiligtum, dann römische Siedlung; später kam der Platz an die Grafen von Mâcon und schließlich war Beaune bis in das 14. Jh. im Besitz der Herzöge von Burgund. Diese hatten, bis sie nach Dijon übersiedelten, in Beaune ihre Residenz. Die Altstadt bildet einen geschlossenen Kern, der mit einer starken Befestigung umgeben war; alle Straßen führen konzentrisch auf diesen Kern zu. Noch heute dienen die unterkellerten Stadtmauern als bevorzugte Weinlager.

Hôtel-Dieu aus dem Jahr 1443; ehemals Hospital, in dem auch so mancher müde Jakobspilger Aufnahme fand. Umlaufende Galerie des Innenhofs mit eindrucksvollem Fachwerkbau; die Anlage ist mit bunt glasierten Ziegeln gedeckt und bietet einen malerischen Anblick. Cour d'Honneur (Ehrenhof mit Brunnen); Kapelle, von einer durchgehenden hölzernen Decke überspannt; die alte Küche sowie die im 17. und 18. Jh. veränderte Apotheke mit Fayencen aus Nevers. Im Seitenflügel das berühmte Gemälde »Das Jüngste Gericht« von Rogier van der Weyden, das um 1443 entstand. Außerdem große Wandteppiche mit der Darstellung der Parabel vom »Verlorenen Sohn«. Kirche Notre-Dame, romanischer Bau des 12. Jh.

Meloisey

Dorf mit tausendjähriger Vergangenheit, überagt von steilen Felsen. Der Weinberg von Meloisey ist der größte der Hautes-Côtes; im Jahre 1180, so berichtet die Chronik, wurden seine Weine bei der Krönung Phililipp August's gereicht.

Saint-Romain

Siedlung seit der Jungsteinzeit (um 4000 v. Chr); später wurde der Platz, wie der Fund von 47 Silbermünzen bezeugt, zur keltischen Zufluchtstätte. Anfang des 9. Jh. wurde das erste Schloß auf dem Felsvorsprung gebaut. Im »Maison du patrimoine« werden die archäologischen Forschungsmethoden und das Natur- und Kulturerbe des Ortes gezeigt.

Rad-Fernwanderweg nach Santiago de Compostela

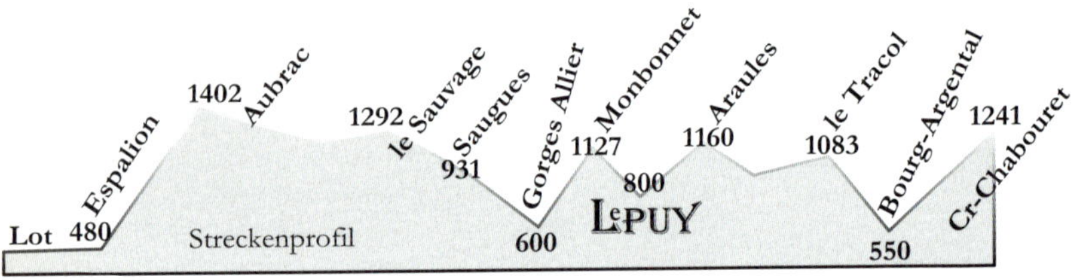

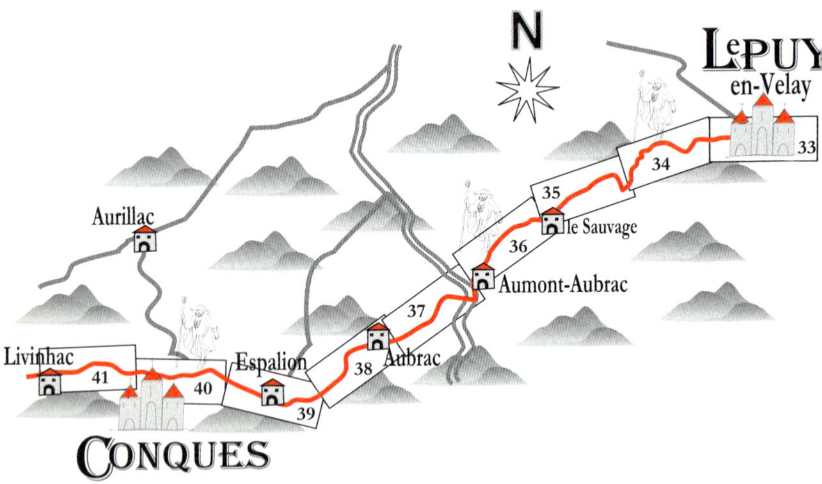

Übersicht II

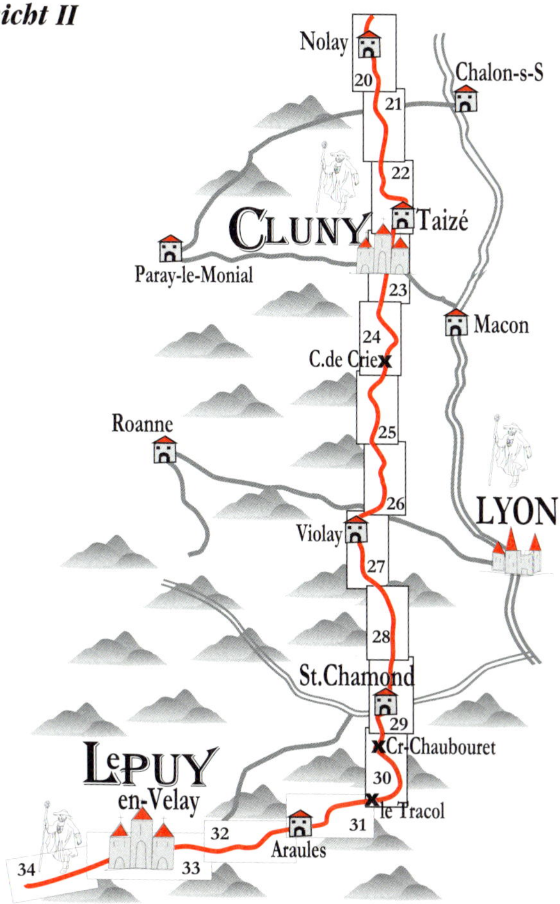

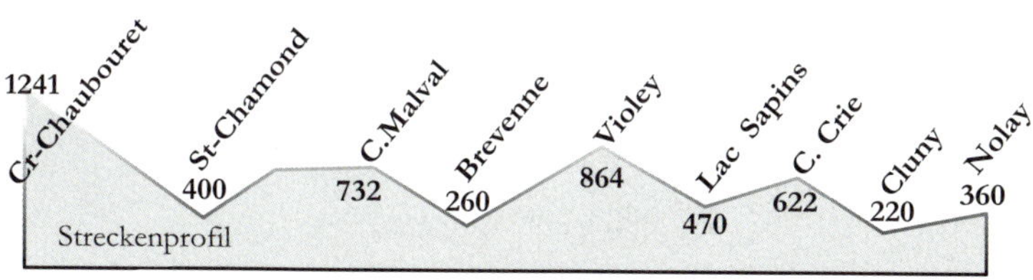

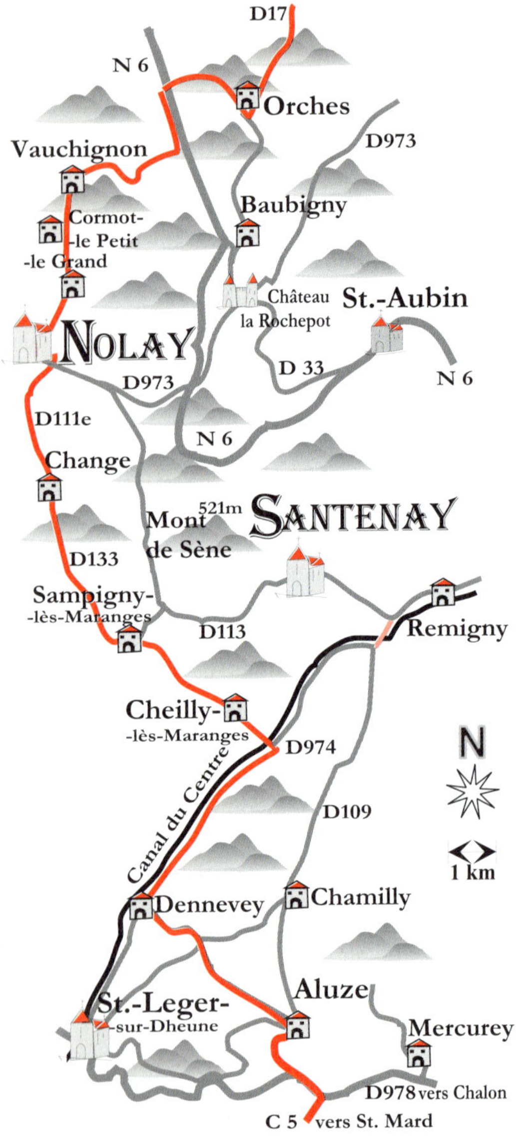
D17
N 6
Orches
D973
Vauchignon
Baubigny
Cormot-
-le Petit
-le Grand
Château
la Rochepot
St.-Aubin
NOLAY
D 33
N 6
D973
D111e
N 6
Change
521m
Mont
de Sène
SANTENAY
D133
Sampigny-
-lès-Maranges
D113
Remigny
Cheilly-
-lès-Maranges
D974
N
Canal du Centre
D109
1 km
Dennevey
Chamilly
Aluze
St.-Leger-
-sur-Dheune
Mercurey
D978 vers Chalon
C 5 vers St. Mard

STRECKENTELEGRAMM

Direkt hinter Orches rechts ab und über ein kurzes Steilstück zur N 6; links abbiegen und neben der stark befahrenen Straße ca. 500 m bis zur Abzw. Vauchignon. Durch den „Cirque du Bout du Monde" nach Nolay. Auf der D 973 links ums Zentrum und gleich rechts ab auf die D 111e über Change und Sampigny nach Cheilly les Maranges. Durch den Ort, über die Bahngleise und den Canal du Centre auf die D 974; hier rechts ab bis Dennevy. Wer die stark befahrene Landstraße nicht mag, kann vor der Brücke rechts auf den Treidelpfad abbiegen und in Dennevy die Brücke nehmen. Hier zweigt an der Kirche die Straße nach Chamilly ab; nach leichter Steigung an der Wegkreuzung gerade aus nach Aluze. Vor dem Ort rechts ab bis zur D 978; nach links den Hang hinauf und rechts ab auf die C 5 nach St. Mard.

INFORMATION

Vauchignon
Ferme Camping
Baubigny: Ferme Auberge

21340 Nolay
Office de Tourisme Maison des Halles; Hotel, Restaurant; Logis de France
Camping;

Santenay
Office de Tourisme Av. des Sources; Hotel, Restaurant; Kuranlagen, Camping

Schloss Rochepot

im 12. Jahrhundert auf den Fundamenten eines ehemaligen römischen Fort von den Herren von Roche-Nolay erbaut. Im 19. Jahrhundert wurde das Schloß nach den Plänen aus dem Mittelalter restauriert.
Das Feudalanwesen birgt zahlreiche Schätze; der Saal der Wachen, die Schlafzimmer, die Küche und der Speisesaal sowie die alte Kapelle aus dem 12. Jahrhundert können besichtigt werden.

Vauchignon

ist das erste Dorf im „Cirque du Bout du Monde". Dieses Landschaftsschutzgebiet bietet in der wasserreichen Jahreszeit ein beeindruckendes Naturschauspiel: am Ende eines Talkessels stürzt aus 25 Meter Höhe ein Wasserfall herab. Eine Höhle, etwas für erfahrene Forscher, kann besichtigt werden.

Nolay

Bereits im Mittelalter war Nolay das Handelszentrum der Region; die in ihrer Bauweise einzigartige Markthalle stammt aus dem Jahr 1388. Das Dach ist mit burgundischem Lavastein gedeckt, so daß das Balkengerüst ein Gewicht von 800 Kilo pro m^2 trägt! Direkt daneben liegt die Kirche St. Martin aus dem 15. Jh.
Nach der Restaurierung des mittelalterlichen Ortskerns finden wieder Märkte wie im 16. Jahrhundert statt, als sich Kurzwaren- und Tuchhändler, Schuster, Gerber, Teichfischer und kleine Handwerker hier einfanden.

Le Mont de Sène

Auf dem Gipfel stehen drei Kreuze, daher sein zweiter Name „Montagne des Trois Croix". Der 521 m hohe Berg, von der Vorgeschichte bis zur Römerzeit Kultort, wurde an der Gemarkungsgrenze zwischen Santenay und Dezize von Menschenhand aufgeschüttet.
Herrlicher Rundblick: im Norden hinter Rochepot das Weinbaugebiet; im Osten, oberhalb des Tals der Saône, der Jura und die Alpen; im Süden die Gegend von Cluny, überragt vom Mont Saint Vincent, und im Westen der Morvan.

Santenay

Das Heilbad mit lithiumreichen Wasser ist seit der Antike bekannt. Kirche St. Jean de Narosse aus dem 13. Jh.; das Schloß Phillips des Kühnen mit Bergfried aus dem 14. Jh. und glasierten Dachziegeln. Alte Mühle Sorine von 1851.

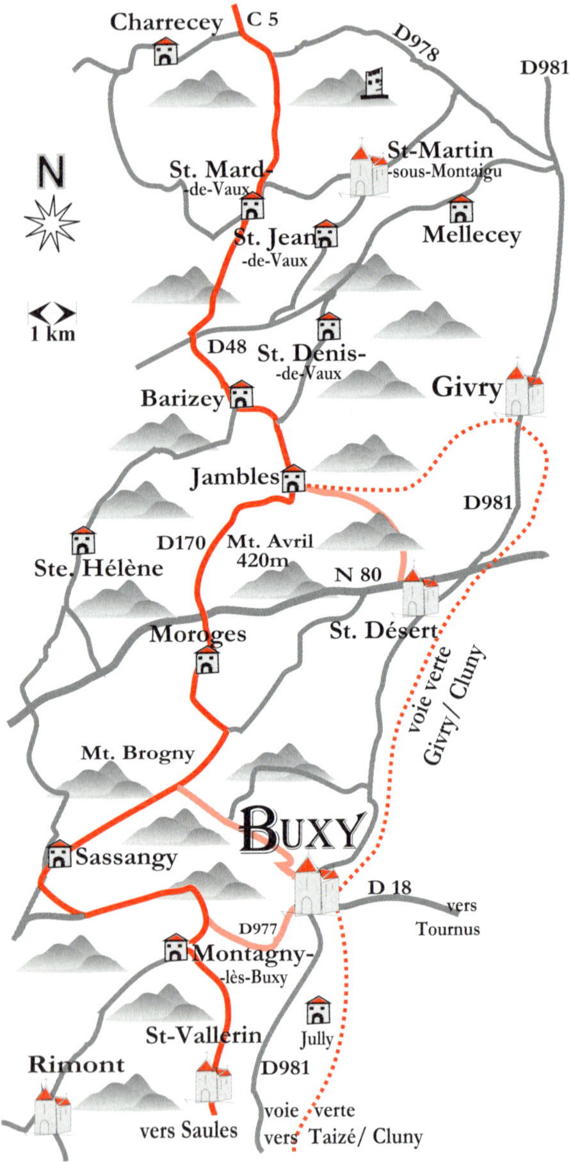
Charrecey
C 5
D978
D981
N
1 km
St-Martin
-sous-Montaigu
St. Mard-
-de-Vaux
St. Jean
-de-Vaux
Mellecey
D48
St. Denis-
-de-Vaux
Barizey
Givry
Jambles
D981
D170
Mt. Avril
420m
Ste. Hélène
N 80
Moroges
St. Désert
voie verte
Givry/ Cluny
Mt. Brogny
BUXY
Sassangy
D 18
vers
Tournus
D977
Montagny-
-lès-Buxy
Jully
St-Vallerin
Rimont
D981
voie verte
vers Taizé/ Cluny
vers Saules

STRECKENTELEGRAMM

Ein Teil der heutigen Etappe führt über die Route des Grands Vins; wir folgen dem braunen Schild mit stilisierter Traube durch hügeliges Gelände nach Barizey, Jambles, Moroges, Sassangy und Montagny lès Buxy. In St.Vallerin rechts ab auf die D153 nach Saules.

Wem das zuviel Wein auf einmal ist, der fährt in Jambles Richtung Givry und dort auf den ausgeschilderten Radweg „Voie Vert" Givry-Cluny.

- Wegzeichen -

Ein „erwachter" Mensch ist jemand, der nicht mehr nach der Pfeife der Gesellschaft tanzt; es ist ein Mensch, der zu der Musik tanzt, die aus ihm selber kommt.

M

INFORMATION

71640 St. Martin
sous-Montaigu
Gasthaus

71390 Moroges
Gites d'etape

71700 Tournus
Bahnanschluß
Office du Tourisme, place Carnot
Hotel, Restaurant;
Camping

Wer Burgund hört...

...denkt an Wein! Schon im 3. Jh. n. Chr. wuchsen an der Côte d'Or berühmte Weine und seit dem frühen Mittelalter förderten die Klöster den Weinbau. Der berühmte „Clos de Vougeot" entstammt einem Weingut, das im 12. Jh. durch die Mönche von Citeaux angelegt wurde. Heute erstrecken sich die Rebflächen vom Departement Yonne (Chablis-Lagen) im Norden über die Côte de Nuits, die Côte de Beaune und das Maconnais (Chardonnay) bis zum Beaujolais im Süden.

Kleines Wein-ABC: Vin de qualité supérieur (V.D.Q.S.) ist eine Bezeichnung, die sich über den Inhalt der Flasche nicht völlig ausschweigt. Beim A.O.C (Appellation d'origine contrôlée) dagegen sind Anbaugebiet und Herkunft sowie Rebsorte und maximaler Ertrag gesetzlich reglementiert. Bei dieser Qualität können Sie getrost zugreifen, wenn der Preis stimmt. Noch besser ist es, wenn das Etikett einen klaren Hinweis über die Begrenzung des Anbaugebietes Appellation Bourgogne Contrôlée gibt. Natürlich sind auch „gewöhnliche" Landweine nicht zu verachten, man sollte sie nur nicht überbezahlen.

Tournus

Die Ursprünge von Tournus liegen in der römischen Siedlung Trenorchium; hier erlitt der hl. Valerian im Jahr 179 den Märtyrertod. Später wurde über seinem Grab eine Abtei erbaut, die Karl der Kahle den Mönchen von Noirmoutier, welche mit den Reliquien des hl. Philibert auf der Flucht waren, übergab. Saint-Philibert, ehemalige Klosterkirche, ein strenger früh-romanischer Bau mit lombardischen Einflüssen, eine der bedeutendsten Bauten der Romanik in Burgund. Die erste Kirche wurde 937 von den Ungarn zerstört, die zweite 1006 durch Brand vernichtet. Von ihr sind die Krypta und der untere Teil des Narthex erhalten. Neubau des 11./12. Jh.; die erste Weihe erfolgte 1019, die zweite (Querschiff und Apsis) 1120 durch Papst Calixtus XI. (Autor des *Codex Calixtinus* !); Fassade mit zwei viereckigen Türmen (10. bis 12. Jh.); quadratischer Vierungsturm. Kreuzgang (nördl. Galerie) und Kloster (Kapitelsaal und Refektorium, 12. Jh.) sind teilweise erhalten, ebenso das Wohnhaus des Abts. Burgundmuseum im „Haus des Schatzmeisters".

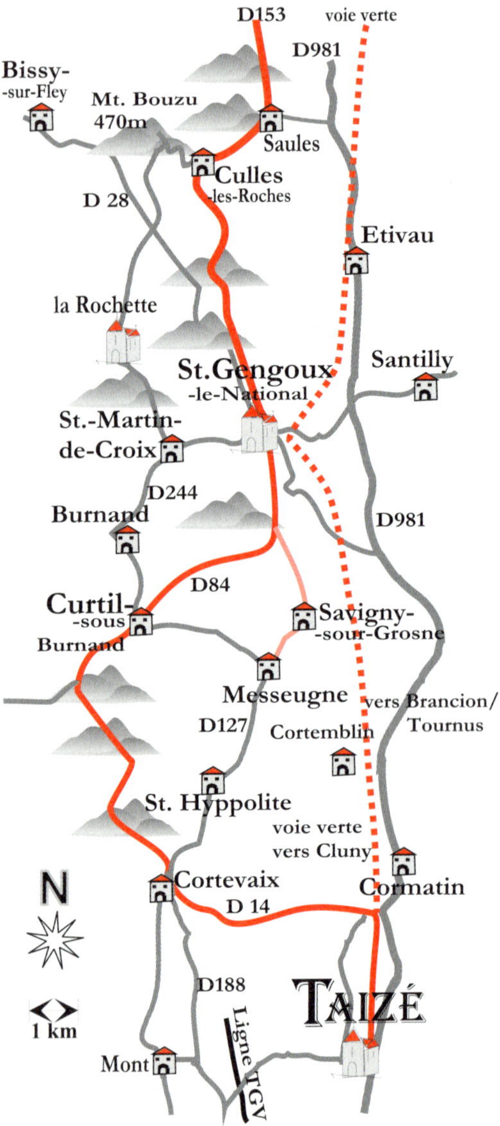

D153
voie verte
D981
Bissy-
-sur-Fley
Mt. Bouzu
470m
Saules
Culles
-les-Roches
D 28
Etivau
la Rochette
Santilly
St.Gengoux
-le-National
St.-Martin-
de-Croix
D244
Burnand
D981
D84
Curtil-
-sous
Burnand
Savigny-
-sour-Grosne
Messeugne
vers Brancion/
Tournus
D127
Cortemblin
St. Hyppolite
voie verte
vers Cluny
Cortevaix
D 14
Cormatin
N
D188
Taizé
1 km
Ligne TGV
Mont

STRECKENTELEGRAMM

Auf der D 153 nach Culles les Roches. Leichter Anstieg nach St. Gengoux-le National. Hinter dem Ort die D 84 rechts ab nach Curtil und Bonnay; vor Cortevaix verlassen wir das Hügelland und fahren auf der D 14 Richtung Cormatin. Beim Fahradmuseum treffen wir auf den ausgeschilderten Radweg „Voie Vert" Givry-Cluny; rechts ab nach Taize.

INFORMATION

71460 Culles-les-Roches
Hotel, Restaurant;
St. Gengoux-le-National
Hotel, Restaurant;
71250 Taize
Communauté

Taizé

„Pilgerweg des Vertrauens auf der Erde"

Im August 1940 kommt ein Mann allein in das fast ausgestorbene Dorf Taizé in Burgund, nahe Cluny. Es ist das zweite Jahr des Weltkriegs und seine Heimat (er ist Schweizer Bürger) ist nicht unmittelbar vom Kriegsgeschehen betroffen. Sein Ziel ist es zu helfen, mitten in der Not der damaligen Zeit: er versteckt Flüchtlinge in seinem Haus, vor allem Juden aus dem besetzten Frankreich. Später kümmert er sich um deutsche Kriegsgefangene.

Zwei Jahre lebt Roger Schütz, der Gründer von Taizé, allein, dann steht sein Entschluß fest. Er möchte eine Gemeinschaft von Männern ins Leben rufen, die tagtäglich konkret Versöhnung verwirklicht. Es schließen sich weitere Brüder an und Ostern 1949 binden sich die ersten endgültig zum gemeinsamen Leben, in Ehelosigkeit. Sie kommen zunächst aus verschiedenen evangelischen Kirchen, doch schon bald stoßen Katholiken zur ökumenischen Gemeinschaft und heute gehören Brüder aus etwa zwanzig Ländern dazu. In kleinen Fraternitäten leben einige unter den Ärmsten in Asien, Afrika, Latein- und Nordamerika, um dort Erfahrungen zu machen und die vorgefundene Not zu teilen. Die Brüder akzeptieren für sich keine Spenden und legen keine Rücklagen an. Ihren Lebensunterhalt und den anderer Menschen, mit denen sie teilen, bestreiten sie aus dem Erlös ihrer Arbeit.

Die Communauté baut keine fest organisierte Bewegung auf; es wird den Jugendlichen vielmehr vorgeschlagen, sich in ihrer Stadt, im Dorf, in der Kirchengemeinde mit jung und alt auf den Weg zu machen. Mit der Gründung der Communauté von Taizé hat Frère Roger neue Wege zur Überwindung der Gräben zwischen den christlichen Religionen und ihrer Versöhnung sowie zur Beilegung von Konflikten in der Menschheitsfamilie erschlossen. Auf dem von Taizé ausgehenden „Pilgerweg des Vertrauens auf der Erde" werden Treffen veranstaltet, bei denen sich die Jugend aus aller Welt versammelt. Das ganze Jahr über finden, jeweils von Sonntag bis Sonntag, Jugendtreffen mit Teilnehmern aus vielen Nationen statt - in manchen Wochen bis zu sechstausend. Dreimal am Tag kommen die Teilnehmer zum gemeinsamen Gebet in der Kirche der Versöhnung zusammen. Hunderttausende aus Europa und den anderen Erdteilen finden so zu einer gemeinsamen Sache: zu den Quellen des Glaubens gehen, einen Sinn für das Leben entdecken, sich darauf vorbereiten, zu Hause verantwortliche Aufgaben zu übernehmen.

Taizé kann ein wichtiger Ort auf dem Jakobsweg der Freude sein.

Cluny

Das Kloster von Cluny wurde im Jahr 910 von Wilhelm dem Frommen, Herzog von Aquitanien, gegründet. Von hier ging die cluniazensische Reform des Benediktinerordens aus, die im 11. und 12. Jh. ihren Höhepunkt erreichte. Damals waren mehr als 1200 Abteien von Cluny abhängig; es galt als der geistige Mittelpunkt des transalpinen Abendlandes und bildete mit seinem großen Einflußbereich eine Art Gegenpol zu Rom. Von Cluny ging die größte Wallfahrtsbewegung des Mittelalters zum Grab des Apostels Jakobus in Santiago de Compostela in Nordspanien aus.

Die erste Kirche entstand seit 910 unter dem Abt Bernon, die zweite, das Vorbild der Bauten von Hirsau im Schwarzwald, von 954 bis 981, die dritte von 1080 bis 1130 unter den Äbten Hugo und Peter (das sogenannte Cluny III). Diese Klosterkirche war 187 m lang, hatte eine dreischiffige basilikale Vorhalle, ein fünfschiffiges Langhaus, zwei Querschiffe, einen Chor mit Umgang und Kapellenkranz sowie acht Türme. Das im Kloster aufgestellte Modell der ehemaligen Anlage zeigt deren gewaltige Ausmaße. Das Kloster wurde 1258 dem französischen König unterstellt. In den Religionskriegen wurde es mehrfach zerstört, dann während der Französischen Revolution 1790 aufgehoben und die Kirche schließlich bis auf den südlichen Querhausarm abgebrochen. Die Steine wurden zum Bau von Straßen und Pferdeställen verwendet.

Von Cluny III (1088 bis 1130) ist trotz aller Zerstörungen durch die Französische Revolution noch so viel sichtbar, daß man sich eine Vorstellung dieses großen, reich geschmückten Baus machen kann. Paray-le-Monial, die »älteste Tochter« Clunys, stellt eine kleine und reduzierte Kopie dar. Typisch für die burgundische Bauschule sind ein überaus reicher Grundriß mit drei (in Cluny III fünf) Schiffen, Querhaus, Chorumgang und Kapellenkranz, reicher ornamentaler Schmuck, und schließlich die große Vorhalle (Narthex), die zugleich als »Kirche nach außen« diente. Der plastische Schmuck der burgundischen Kirchenbauten findet sich an den Portalen und eindrucksvollen Kapitellen mit zarten Figuren und schwingendem Blattwerk; das Westtympanon, das schulebildend wirkte und sich aus vielen Nachbildungen cluniazensischer Kirchen erahnen läßt, wurde jedoch zerstört. Die in ihrer Ausdehnung größte Klosteranlage ihrer Zeit war von einer Mauer mit Türmen umschlossen.

Bilder links:
Cluny; Blick in die Kirchenanlage
u.l. Taizé, Tor und Glockenturm

Seite 54-55 großes Bild:
Le Puy-en-Velay Panorama
u.l. Rocher St. Michael

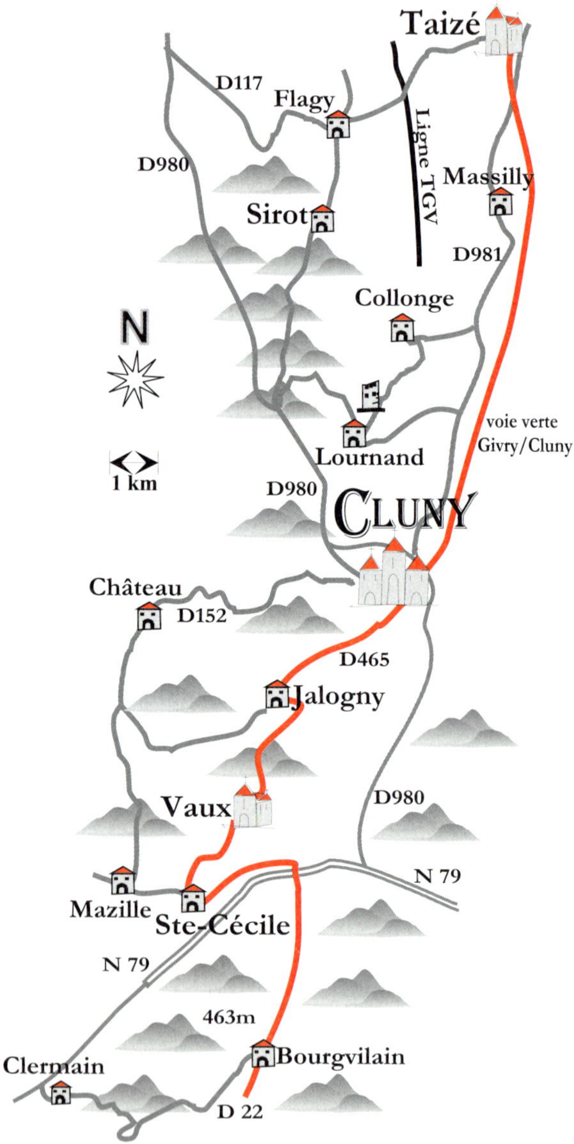
Taizé
D117
Flagy
Ligne TGV
D980
Massilly
Sirot
D981
Collonge
N
1 km
voie verte
Givry/Cluny
Lournand
D980
CLUNY
Château
D152
D465
Jalogny
Vaux
D980
N 79
Mazille
Ste-Cécile
N 79
463m
Bourgvilain
Clermain
D 22

STRECKENTELEGRAMM

Nach Cluny auf dem Voie Vert Givry-Cluny. - Wir verlassen Cluny auf der D 980; am südl. Ortsausgang rechts ab auf die D 465 nach Jalogny; vor dem Ort links ab Richtg. Chap. de Vaux und dann hinunter nach Ste. Cécile. Durch den Ort (links halten) und nach ca. 1 km queren wir die N 79; kurz danach rechts ab auf der D 22 via St. Point nach Tramayes.

- Wegzeichen -

Glück ist nichts, was sich erwerben läßt, Liebe ist nichts, was sich produzieren läßt. Liebe ist nichts, was Sie haben, Liebe ist etwas, was Sie hat. Lernen Sie die Hindernisse verstehen, die Sie der Liebe, der Freiheit und dem Glück in den Weg legen, und sie werden verschwinden..

M

INFORMATION

71250 Cluny
Bahnstation
Office de Tourisme
6, rue Mercière
Hotel, Restaurant;
Logis de France
Camping
Mazille
Ferme Auberge

Zu besichtigen ist der Kornspeicher des Klosters (Le Farinier, 13. Jh) inmitten des Klostergartens; im Saal des Obergeschosses mit einem weit gespannten Gebälk aus Kastanienholz hat man die Chorpartie der Kirche mit zehn wieder aufgefundenen figuralen Kapitellen und dem 1095 geweihten Altar rekonstruiert. Im Untergeschoß, dem ehemaligen Weinkeller des Klosters, befinden sich weitere Skulpturenfragmente aus der Klosterkirche. Südlicher großer Querhausarm mit den östlichen Kapellen Saint-Étienne und Saint-Martial, dem 62 m hohen Weihwasserturm (Clocher de l' Eau-Bénite) und dem kleinen Uhrturm von 1470 sowie der Rest des südlichen kleinen Querhauses. Klostergebäude des 18. Jh. mit der Fassade des Bauherrn, des Abtes Galasius, aus dem 13. Jh., heute Kunstgewerbeschule.

Was ist sonst noch sehenswert in Cluny: Kirche Notre-Dame, frühes Beispiel burgundischer Gotik, 12./13. Jh. Romanische Häuser des 12./13. Jh., so in der Rue de la République (mit Ziehbrunnen) und in der Rue d' Avril. Museum Ochier (früheres Wohnhaus des Abtes Jean III. de Bourbon, 1456–1485), Ausgrabungsfunde, Fragmente des Westportals (1115), Dokumente zur Klostergeschichte, Teile der Bibliothek. Und dann natürlich das Rathaus (hôtel de ville), frühere Residenz des Abtes Jacques II. d' Amboise; bemerkenswerte Renaissancefassade. Romanisches Doppeltor, vermutlich Reste des Westportals der Kirche. Türme der alten Befestigung. Promenade du Fouettin entlang der westlichen Klostermauer, mit schönem Ausblick.

★

Cluny gilt als der bedeutendste Förderer der Wallfahrt zum Grab des Apostels Jakobus in Santiago de Compostela. Der Orden unterhielt viele Klöster und Hospitäler am Camino, von denen wir einige auf unserer Wanderung besuchen werden: Nájera, Burgos, Frómista, Carrión de los Condes, Sahagún, Astorga und Villafranca del Bierzo.

Ein für das junge Cluny besonders wichtiges Kloster liegt abseits unseres Weges, in der Nähe von Jaca an der *Via Tolosana*: San Juan de la Peña (Abb. Seite 4)

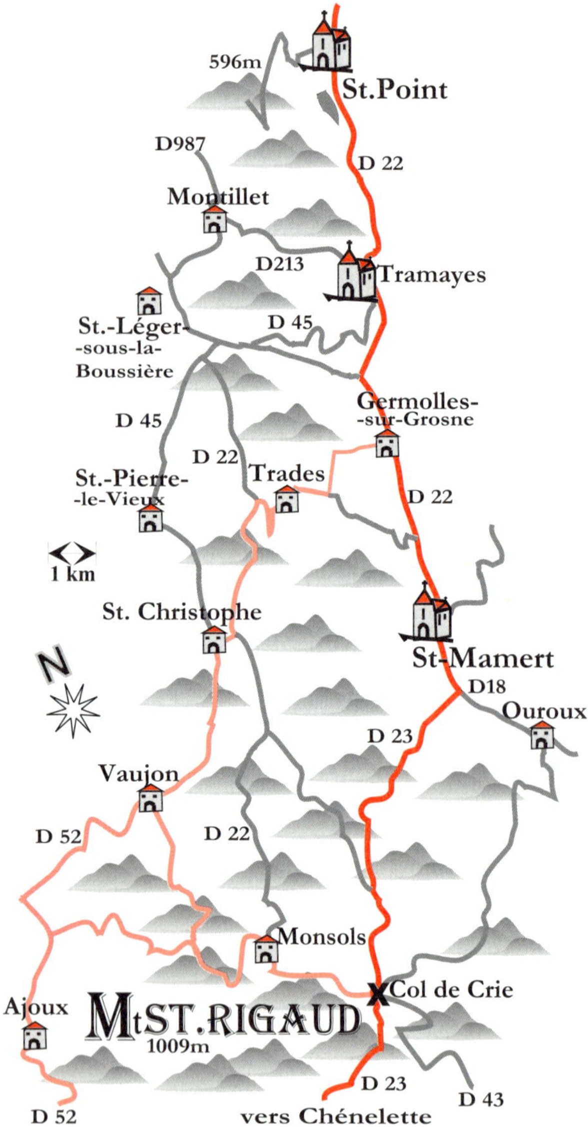
596m
St.Point
D987
D 22
Montillet
D213
Tramayes
St.-Léger-
-sous-la-
Boussière
D 45
D 45
Germolles-
-sur-Grosne
D 22
St.-Pierre-
-le-Vieux
Trades
D 22
1 km
St. Christophe
St-Mamert
D18
Ouroux
N
D 23
Vaujon
D 52
D 22
Monsols
Col de Crie
Ajoux
MtST.RIGAUD
1009m
D 23
D 43
D 52
vers Chénelette

STRECKENTELEGRAMM

Über St. Point auf der ansteigenden D 22 nach Tramayes; Richtung Germolles sur Grosne nach St. Mamert. Noch ein kurzes Stück auf der D 18, dann ein 8 km langer Aufstieg auf der D 23 zum Col de Crie.
Hinunter nach Chénelette.

- Wegzeichen -

Leben ist, alle Hindernisse beiseite gelassen zu haben und den gegenwärtigen Augenblick unverbraucht zu leben - ja, manchmal müssen wir sogar „Gott" los werden, um Gott zu finden.

M

INFORMATION

St.Point
Gasthaus; Camping am Stausee (Bademöglichkeit)
71520 Tramayes
Office de Tourisme
Hotel, Restaurant;
Col de Crie
Rasthaus

Saint-Point

mit einer sehenswerten, im cluniazensischen Stil erbauten Kirche. Die Apsis ist mit einem Fresko des thronenden Christus geschmückt. Durch eine Pforte links der Kirche kommt man zum Château de Lamartine, dem bevorzugten Aufenthalt des Dichters Alphonse de Lamartine, der 1790 im nahen Macon geboren wurde. Im Schloß werden verschiedene Exponate aus seiner Zeit und ein die Schlacht bei Zama darstellender Gobelin aus dem 17. Jh. gezeigt. Sehenswertes Schloßgelände mit altem Baumbestand (Jocelyn-Eiche).

Roche de Solutré

Eins ist sicher: wer sich für prähistorische Geschichte interessiert, macht von Tramayes aus einen Abstecher nach Solutré-Poully (ca. 12 km östlich). Das Dorf liegt unterhalb eines hohen Felskegels (493 m), wo im Jahr 1866 sensationelle Funde gemacht wurden. Es handelte sich um eine riesige Ansammlung von Knochen von Wildpferden, Mammut,

Wisent und Auerochs. Die Jagdtechnik der Steinzeitmenschen war recht einfach, aber erfolgreich: die Tiere wurden über das östliche Plateau hinaufgetrieben und stürzten an dessen Steilabfall in die Tiefe. Nach dem Ort hat man diese Periode der Steinzeit Solutréen genannt. Vorgeschichtliches Museum.

Beaujolais

Wir befinden uns im Gebiet des Beaujolais; es zieht sich etwa von Macon bis Villefranche-sur-Saône hin. Der Weinort Beaujeu, der dem roten Burgunder dieses Landstrichs seinen Namen gab, liegt im Inneren des hügeligen Berglandes und ist von Chénelette aus zu erreichen (nächste Seite).

STRECKENTELEGRAMM

Talwärts und vor Chenelette noch einmal ein kurzer Anstieg; auf der D 37 zum Kreuzungspunkt les Echarmeaux. - Kurz nach dem Kreisel rechts ab und auf der D 10 durch wechselndes Gelände nach Ranchal. Hinter dem Ort auf die D 54 Richtg. St. Bonnet; ein kurzes Stück auf der D 94, dann scharf links auf die D 605 hinauf nach Meaux la Montagne. Abkürzung: auf der D 94 bei les Rivières gerade aus ins Tal und über die D 10 direkt nach Cublize

INFORMATION

Chenelette
Gasthaus
Auf dem Mont Tourvéon südöstlich von Chénelette stand einst die Burg von Ganelon, Stiefvater des Roland, der nach dem überlieferten Text des Rolandlieds das Heer Karls des Großen in Roncesvalles verraten haben soll, wodurch Roland und seine Mannen den Tod fanden. Die Sage erzählt, daß ein Gericht ihn hierfür zur Strafe in einem mit Nägeln gespickten Faß den Berg hinunter rollen ließ.

Les-Echarmeaux
Hotel, Restaurant;
Gites d'etape/Mairie
Busverbindung nach Lyon
St.Bonnet lè Troncy
Gasthaus; Ferme Camping

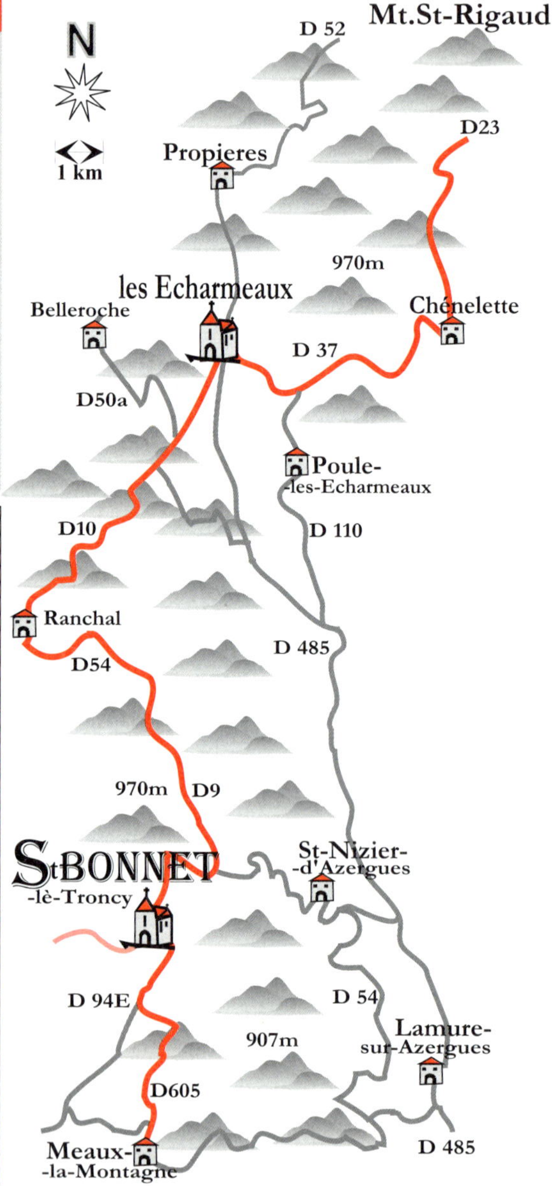

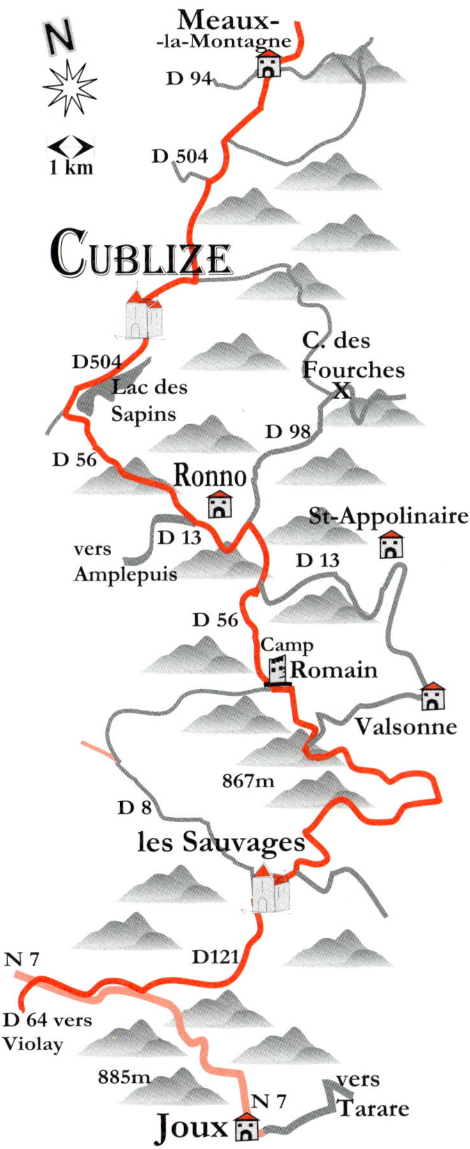

STRECKENTELEGRAMM

An der Kreuzung in Meaux gerade aus (steile Abfahrt); auf dieser Höhe bleiben bis zur Landstraße hinunter nach Cublize.
Auf der D 504 am Lac des Sapins vorbei, bis links die D 56 Richtg. Ronno abzweigt; ca. 8 km Anstieg (später auf der D 13) bis zum Abzweig der D 56 Richtg. Tarare. Es folgt eine schöne Abfahrt durch den Hochwald nach les Sauvages. Durch den Ort zur N 7; auf der stark befahrenen Nationalstraße nach rechts und nach ca. 2 km links ab nach Violey.

INFORMATION

Meaux-la Montagne
Ferme Camping
69550 Cublize
Hotel, Restaurant;
Camping am Badesee
Lac des Sapins
69550 Ronno
Gasthaus
les Sauvages
Gasthaus; von hier Bus nach Tarare und Lyon

STRECKENTELEGRAMM

Über die D 64 / D 49 nach Violay; im Ort links ab auf die D 49; durch Wälder und Felder und über die D 38 und D 4 nach Villechenéve. Dort auf die D 4 nach Montrottier; etwa 500 m weiter auf der D 24, zweigt rechts die D 111 nach Brullioles ab.

Wegzeichen

Wir haben Angst, wirklich
zu werden, so wie
die Spielsachen im Kinderbuch
»Der Plüschhase«.
Ihr größter Traum ist,
wirklich zu werden;
deshalb fragen sie ein
erfahrenes Spielzeug:
„Tut Wirklichwerden weh?"
und erhalten die Antwort:
„Wenn du wirklich bist,
macht es dir nichts aus,
daß es weh tut."
S

INFORMATION

42780 Violay
Logis de France
Montrottier
Hotel, Restaurant;
Brullioles
Anschluß über Bessenay nach Lyon

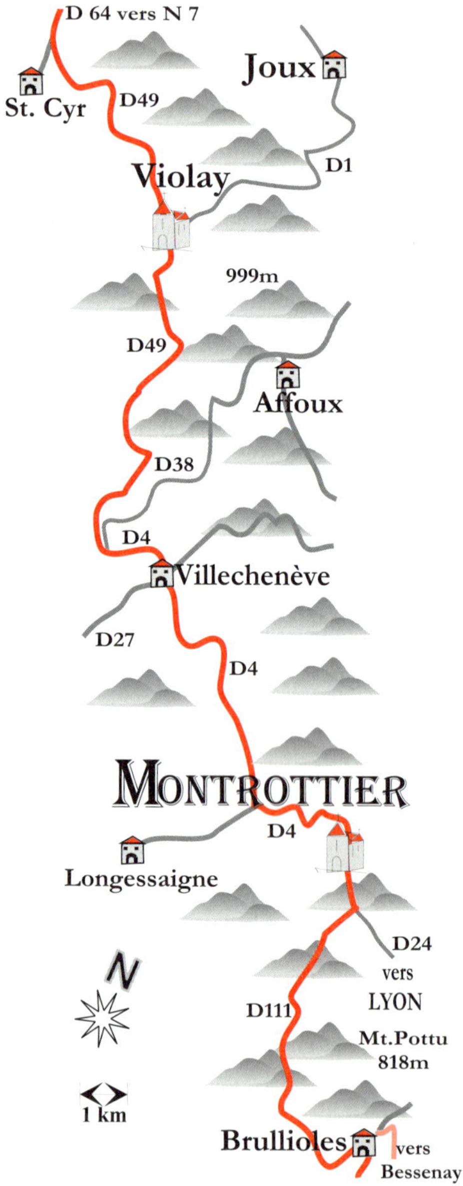

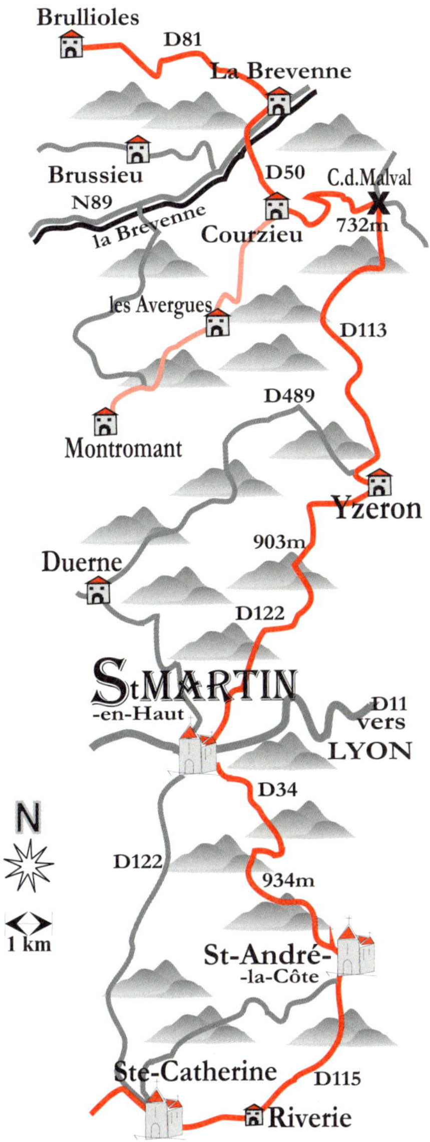

STRECKENTELEGRAMM

Auf der D 81 in östl. Richtung hinunter ins Tal der Brevenne. Im gleichnamigen Ort nach rechts, auf der N 89 ein kurzes Stück bis in Höhe des Campingplatzes. Über die Brücke und leichter Anstieg auf der D 50 nach Courzieu; hinter dem Ort beginnt der Aufstieg zum Col de Malval (732 m). Auf der Passhöhe rechts ab auf die D 113, die hoch über der Ebene von Lyon nach Yzeron führt. Nach dem Ort auf die D 122 nach St. Martin-en-Haut und weiter auf der D 34 nach St. André-la-Côte. Über die D 115 nach Riverie und Ste. Catherine.

INFORMATION

69690 Courzieu
Ferme Auberge

69850 St.Martin-en-Haut
Ferme Auberge; Ferme Camping
Logis de France

69440 St.Andre-la-Côte
Gasthaus

STRECKENTELEGRAMM

Auf der D 2 hinunter ins Tal; links ab und steiler Anstieg auf der D 63 / D 97 bis l' Hópital. Nun auf der D 23 hinunter nach St. Christo-en-Jarez. Links ab nach Valfleury; oberhalb der Kirche rechts auf der D 2 den Berg hinauf und lange Abfahrt hinunter nach St. Chamond. - Dem Schild ins Zentrum folgen und durch die Stadt in Richtg. la Valla-en-Gier; auf der D 2 bis zu den Stauseen leichter Anstieg.

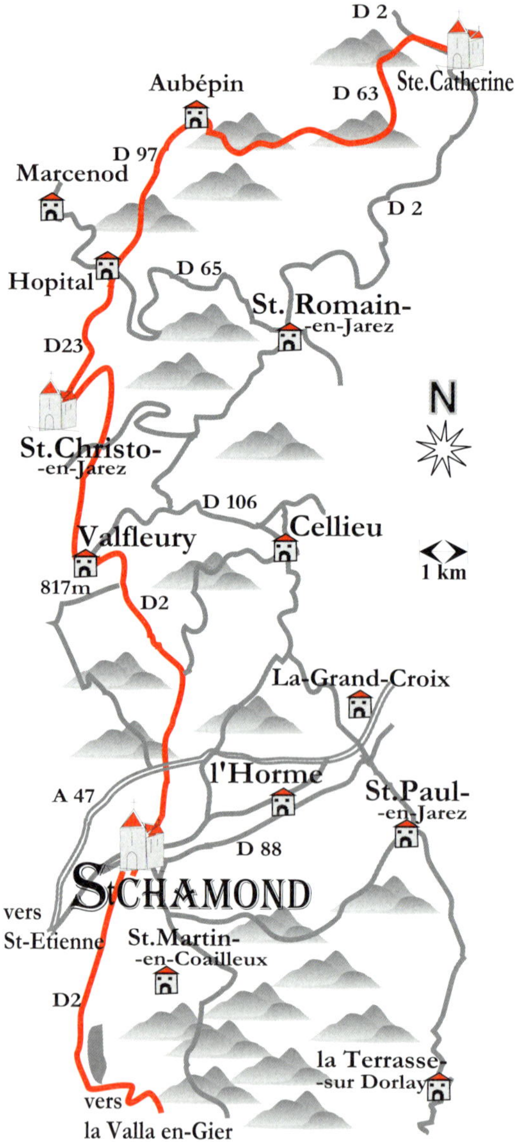

INFORMATION

Ste. Catherine
Gasthaus
St.Christo-en-Jarez
Hotel, Restaurant;
42400 St.Chamond
Bahnanschluß
Office de Tourisme
Hotel, Restaurant;
Autobahn A 47 nach Lyon und St. Etienne;
alter Industrieort (Kohleförderung und Stahlverarbeitung)

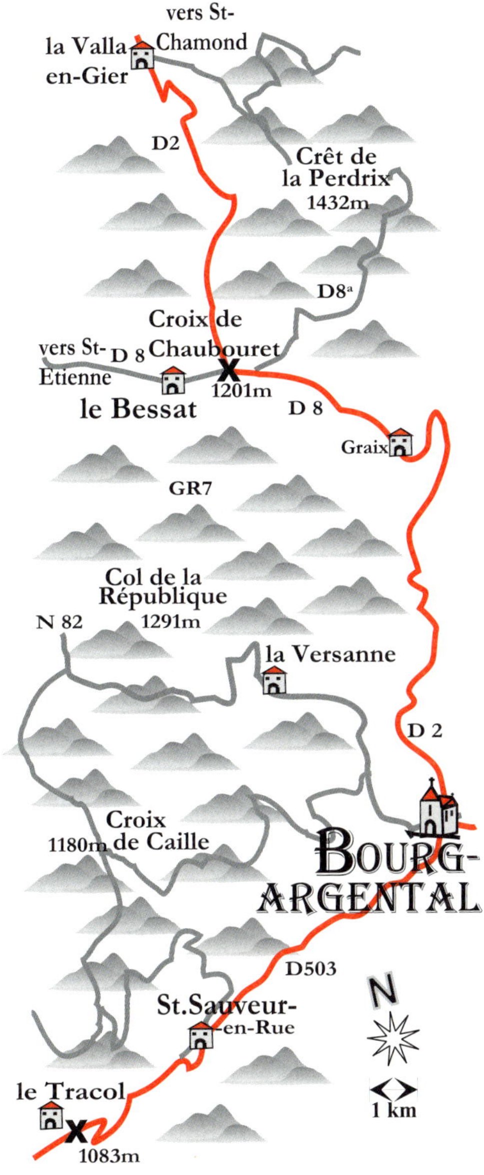

STRECKENTELEGRAMM

Steiler Anstieg (8 km) auf der D 2 zum Croix de Chaubouret (1201 m). Über die D 8 nach Graix und später rechts ab auf der D 2 hinunter nach Bourg-Argental.
Im Zentrum beginnt die D 503, die hinauf nach St. Sauveur en Rue führt. Anstieg zum Pass le Tracol (1083 m) und hinunter nach Riotord.

INFORMATION

Croix de Chaubouret
Gasthaus
Le Bessat
Gîte d'étape Maison Communale
Hotel, Restaurant;
42220 Bourg-Argental
Office de Tourisme;
Bus nach Lyon
Hotel, Restaurant;
Schloßruinen; altes Rathaus und Markthalle; romanische Kirche mit Tympanon
***St. Sauveur*-en-Rue**
Ferme Camping
le Tracol
Gasthaus

STRECKENTELEGRAMM

Vom Pass le Tracol auf der stark befahrenen D 503 hinunter nach Riotord; über Pont de Faurie nach Montfaucon-en-Velay. Abzweig der D 500 durch hügeliges Gelände nach Tence (schöne Altstadt mit Marktplatz und Brunnen). Am westl. Ortsrand nach rechts über die Brücke und auf der D 103 Richtg. Yssingeaux bis zur Abzweigung nach Pouzols und St. Jeures.

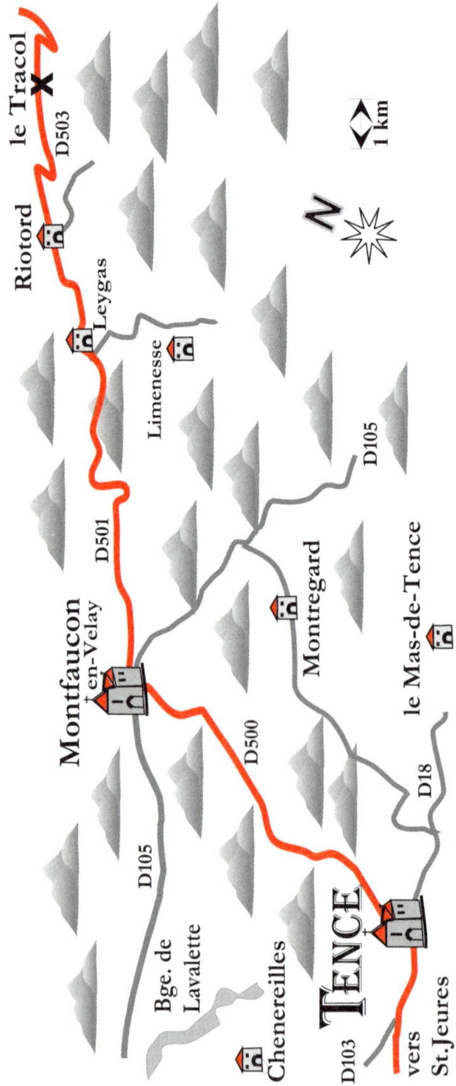

INFORMATION

Montfaucon en Velay
Office du Tourisme,
12. rue Centrale;
Gîte d'étape;
Hotel/Restaurant;
Busverbindung nach Yssingeaux

43190 Tence
Office du Tourisme
Hotel/Restaurant
Camping

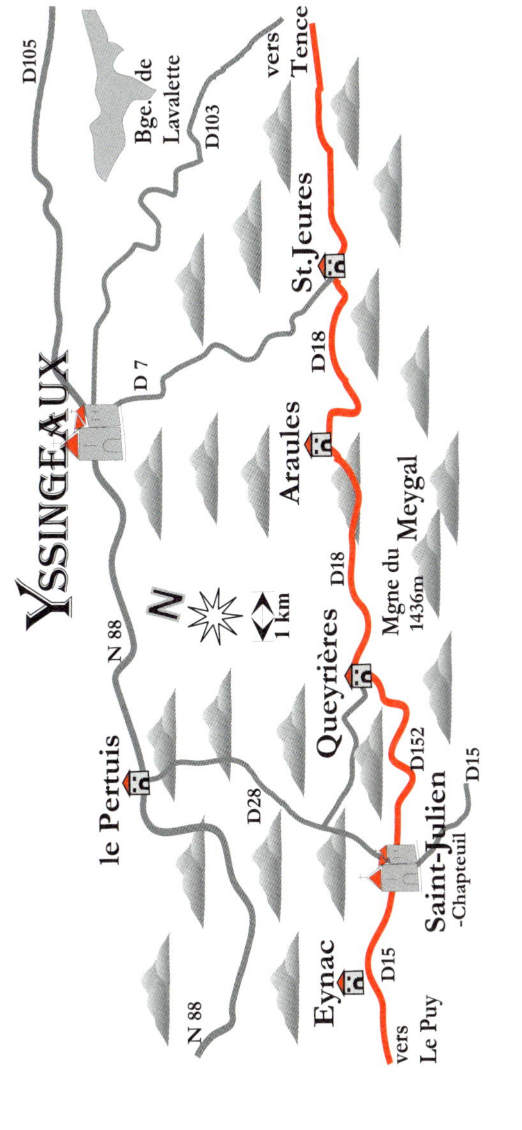

STRECKENTELEGRAMM

Wechselndes Gelände bis Araules. Hinter dem Ort zuerst Anstieg auf der D 18, dann hinunter nach Queyrières. Dann erwartet Sie auf der Fahrt nach St. Julien entlang der D 152 eine eindrucksvolle Exkursion durch die Vulkanlandschaft des Velay.

INFORMATION

Saint-Jeures
Hotel, Restaurant;
Gîte d'étape

Araules
Restaurant

Yssingeaux
Bahnanschluss
Office de Tourisme
Hotel/Restaurant;
eine der ungewöhnlichsten Stadtanlagen Frankreichs; bedeutende romanische Kirchen.

Queyrières
Hotel/Restaurant;
Gîte d'étape de Marliou

Saint Julien-Chapteuil
Office de Tourisme
Hotel/Restaurant;
Gîte d'étape; Camping
Kirche aus dem 12. Jh. mit Baptisterium aus dem 8. Jh.

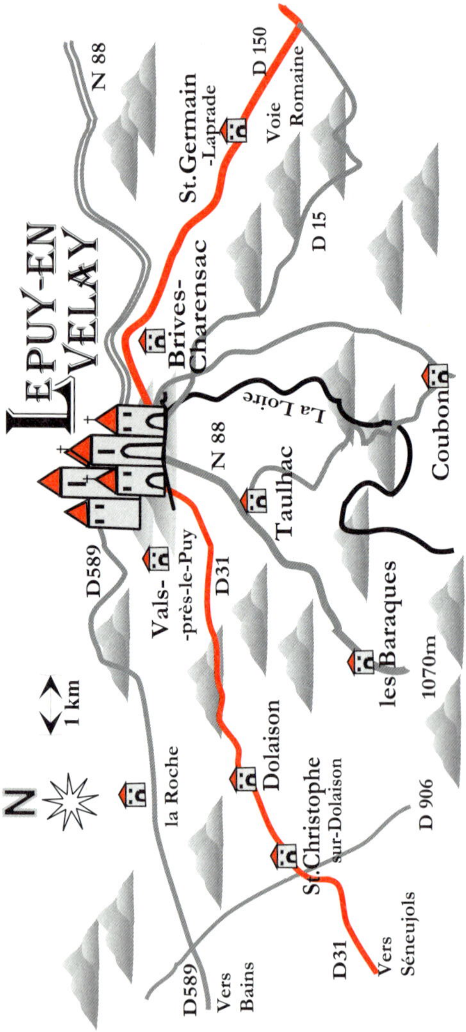
N
1 km
Le Puy-en Velay
N 88
St.Germain
-Laprade
D 150
Voie
Romaine
D 15
Brives-
Charensac
La Loire
Coubon
N 88
Taulhac
D589
Vals-
-près-le-Puy
D31
les Baraques
1070m
la Roche
Dolaison
St.Christophe
sur-Dolaison
D 906
D589
Vers
Bains
D31
Vers
Séneujols

STRECKENTELEGRAMM

Auf der D 15 bis zum Abzweig der D 150 nach rechts; die Landstraße folgt im wesentlichen dem Verlauf der alten Römerstraße. Über St. Germain-Laprade und beim kleinen Kreisverkehr links ab nach Brives Charensac. Beim Überqueren der Loire sehen Sie rechts eine alte römische Brücke und dann erreichen wir Le Puy en Velay.

Wir verlassen Le Puy auf der D 31 Richtung Westen; über Dolaison nach St. Christoph.

INFORMATION

43000 Le Puy en Velay
Bahnstation
Office du Tourisme, place du Breuil
Hotel/Restaurant; Logis de France
Jugendherberge; Camping

Le Puy-en-Velay

oder Puy-Notre-Dame, ist seit dem Ende des 10. Jh. Sammelpunkt der Jakobspilger nach Santiago de Compostela - hier begann die *Via Podiensis*, einer der vier mittelalterlichen Pilgerwege in Frankreich. Unsere Reise auf dem „Jakobsweg der Freude“ hat seinen ersten geschichtlichen Höhepunkt erreicht, und aufgrund unserer bisherigen Wanderung kommt ein Gefühl auf, wie es die Pilger des Mittelalters wohl empfunden haben dürften, als sie das eindrucksvolle Stadtbild sahen.

Unterhalb des Rocher Corneille steht die Kathedrale Notre-Dame du Puy aus dem 12. Jh., ein bemerkenswertes Beispiel der auvergnatischen Romanik, mit byzantinischen Stilelementen. Dreischiffige Basilika mit Querschiff, Trompenkuppeln im Mittelschiff, hohe Vierungskuppel, gerader, geschlossener Chor. Der östliche, isoliert stehende Glockenturm ist 56 m hoch. Zugang zur Kathedrale von Westen über eine breite Treppe mit 60 Stufen bis zum Kryptoportikus, weiter zum „Goldenen Tor“, vorher rechts die Martinskapelle mit Freskenresten des 12./13. Jh. Auf der linken Seite Zugang zur Reliquienkapelle. Von der Nordseite (Porche Saint-Jean) betraten früher die Herrscher die Kirche, von der Südseite (Porche du For) durfte nur der Papst oder sein Stellvertreter die Kirche betreten.

Auf dem Hochaltar, unter der Vierung, die Schwarze Madonna des 19. Jh.; die ursprünglich verehrte Madonnenfigur, die Ludwig der Heilige aus dem Orient mitgebracht hatte, wurde während der Revolution in Brand gesteckt. Wandbild des hl. Michael, um 1100; von der rechten Chorkapelle Zugang in die Sakristei, heute Schatzkammer. Von der Nordseite des Langhauses Zugang zum Kreuzgang; verzweigte Klosteranlage. Über Steintreppen hinauf zur 16 m hohen „Notre-Dame-de-France“, einer im Jahre 1860 aus erbeuteten russischen Kanonen gegossenen Marienstatue. Schöne Altstadt rings um den Rocher Corneille; alte Häuser in der rue Pannessac/rue Chamarlenc.

Auf der 88 m hohen Vulkannadel Rocher St-Michel, dem Wahrzeichen von Le Puy, stand zur Römerzeit ein Merkurtempel. Die erste Kapelle wurde 962 erbaut, der heutige Bau stammt von etwa 1100. Schönes Portal mit Steininkrustation (sarazenischer Einfluß) und Reliefs. Innenraum über unregelmäßigem, dem Basaltkegel angepaßtem Grundriß. Säulenumgang, Tonnengewölbe, bemerkenswerte karolingische Fresken.
(Abb. siehe S. 55)

STRECKENTELEGRAMM

Hinter St. Christophe die D 906 überqueren und auf die D 31 nach Séneujols. Im Ort rechts ab nach Ramourouscle (D 621) und vorbei an der Chap. St. Roche nach Montbonnet. Über die D 589 nach St. Privat d'Allier und lange Abfahrt hinunter in die Gorges d'Allier nach Monistrol.

INFORMATION

43370 Bains
Tourist Information
Hotel, Restaurant;
Ferme Auberge
Camping

Montbonnet
Gîte d'étape

St.Privat-d'Allier
Tourist Information
Hotel, Restaurant
Camping

43580 Monistrol-d'Allier
Bahnanschluß
Centre d'Accueil
Hotel, Restaurant;
Camping

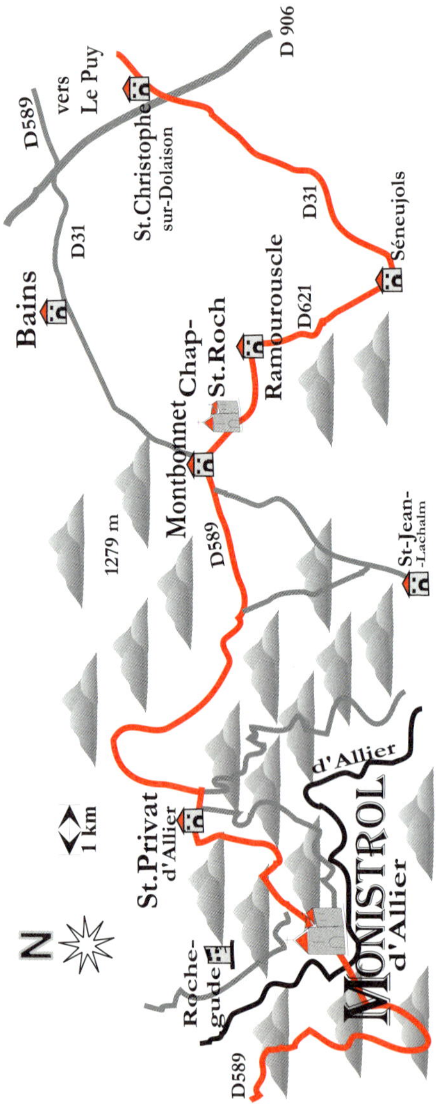

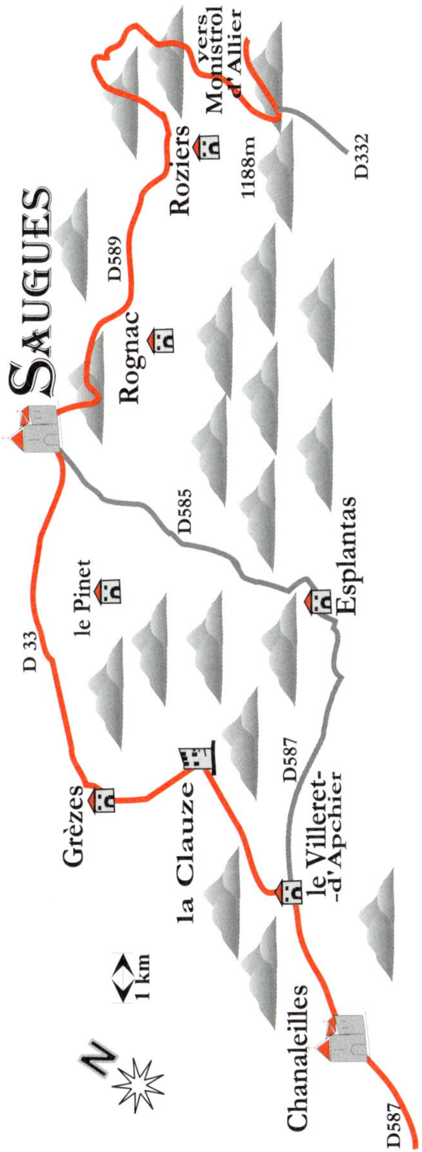

STRECKENTELEGRAMM

Steiler Anstieg der D 589 auf die Höhe über der Gorges d'Allier (10 km). - Abfahrt nach Saugues; weiter auf der D 589, von der die Landstraße D 33 Richtung Grèzes abzweigt. Auf der D 335 in wechselndem Gelände über la Clauze nach Villeret d'Apchier und Chanaleilles.

INFORMATION

43170 Saugues
Tourist Information
Hotel, Restaurant;
Gîte d'étape ; Ferme
Auberge; Camping
Die Stadt wird beherrscht vom Tour des Anglais, Teil einer Burg aus dem 13. Jh. Das Colleg St.Médard verwahrt einige sehenswerte Kostbarkeiten, u.a. eine Piéta aus dem 15. Jh.

la Clauze
Turm aus dem 12 Jh., auf einem Felsen

Chanaleilles
Gasthaus
Schöne Kirche mit Arkaden.

Wir befinden uns im Gevaudan, wo die Sage über ein Ungeheuer die Runde macht, das um das Jahr 1760 die hier lebenden Menschen in Angst und Schrecken versetzte.

STRECKENTELEGRAMM

Hinter Chanaleilles auf der D 587 hinauf in die Monts de la Margeride (bis 1290 m) und hinunter nach St. Alban sur Limagnole; weiter auf der D 987 (schöne Talstraße), sowie einem kurzen Stück auf der N 10 vor Rimeize. An einem beeindruckenden Felsenchaos vorbei leichter Anstieg auf der D 987 nach Aumont-Aubrac.

INFORMATION

Fme de Sauvage
Gîte d'étape
Einsame Viehfarm auf 1292 m Höhe; frühere Tempelritterburg

Chap. St.Roche
Schutzhütte

48120 St. Alban sur-Limagnole
Hotel, Restaurant
Gîte d'étape

les Estrets
Gîte d'étape

48130 Aumont-Aubrac
Bahnanschluss;
Tourist-Information
Hotel, Restaurant;
Gîte d'étape
Eine der ehemaligen Hauptstädte des Gévaudan, am mittelalterlichen Pilgerweg nach Santiago de Compostela. Bereits im Jahre 1061 stand hier eine Benediktinerabtei, von der sich die Kirche Saint Etienne aus dem 12. Jh. erhalten hat.

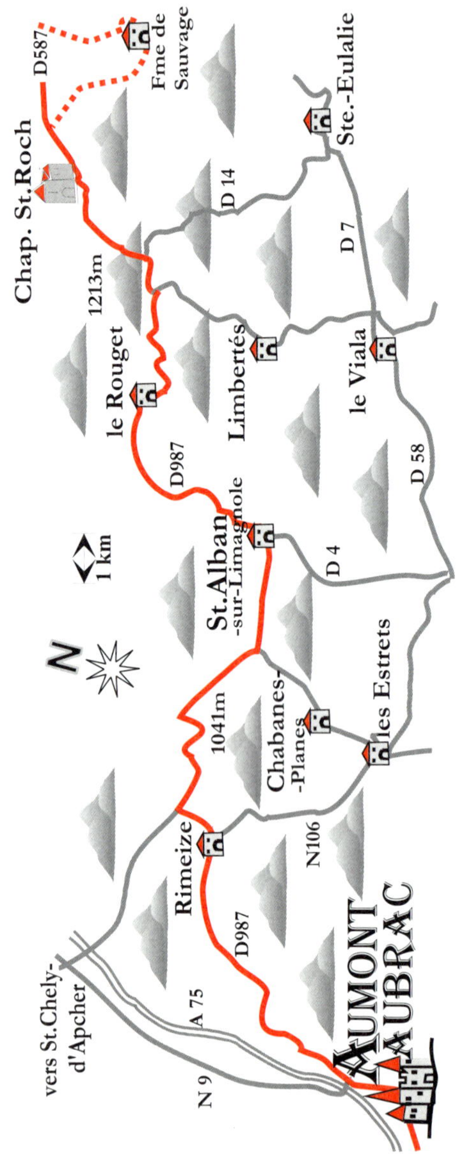

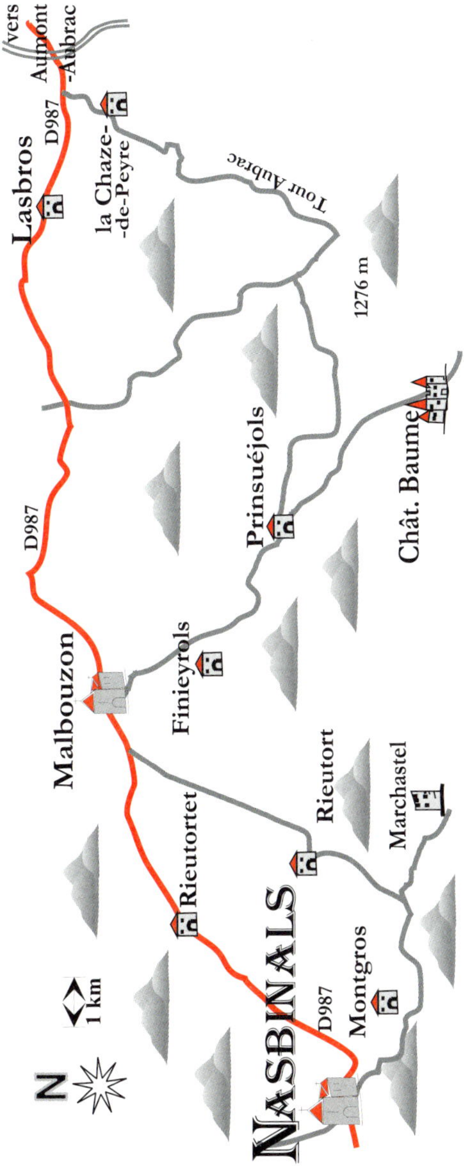

STRECKENTELEGRAMM

Wir bleiben auf der D 987 und fahren im wechselnden Gelände über Lasbros und Malbouzon nach Nasbinals.

Schnee bis in den April möglich.

INFORMATION

Prinsuéjols
Gîte d'étape

Château de la Baume
Schloß, im 17. Jh. aus Granit erbaut, mit schöner Inneneinrichtung

Malbouzon
Hotel, Restaurant;
Ferme Auberge

Montgros
Ferme Auberge

48260 Nasbinals
Tourist Information
Hotel, Restaurant;
Gîte d'étape
Ferme Auberge
Camping

Die Monts d'Aubrac sind eine seenreiche Hochfläche aus Vulkangestein, die von einsamen Wiesen und Weiden geprägt wird.
Zur Zeit der Jakobspilger war die Haute Route nicht nur im Winter sehr gefürchtet.

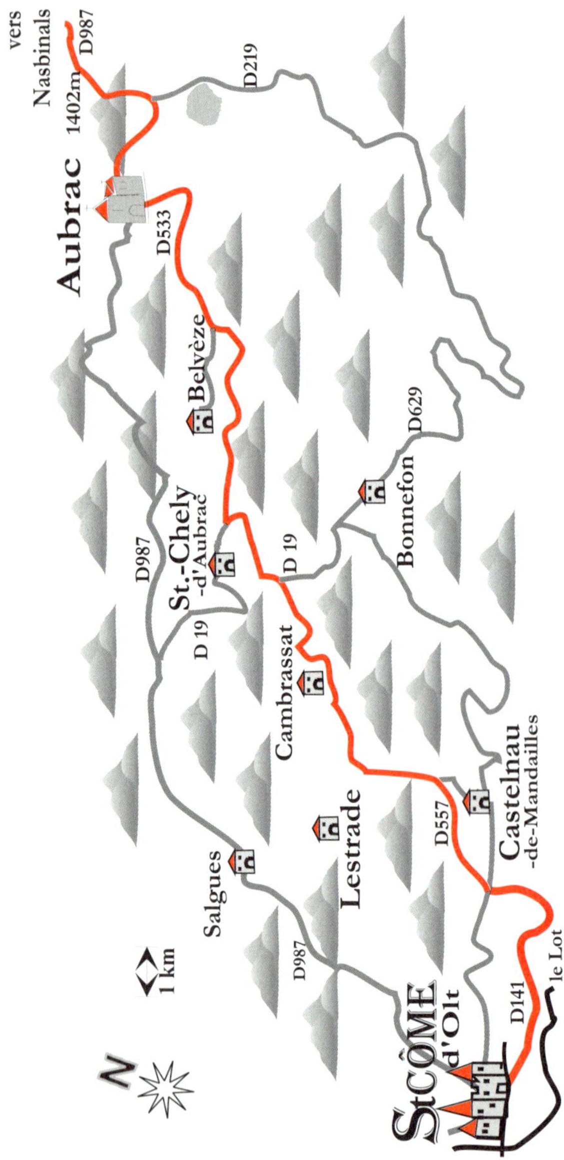
vers
Nasbinals
D987
1402m
D219
Aubrac
D533
Belvèze
D629
St.-Chely
-d'Aubrac
D987
D 19
D 19
Bonnefon
Cambrassat
Castelnau
-de-Mandailles
D557
Lestrade
Salgues
1 km
D987
St Côme
d'Olt
D141
le Lot
N

STRECKENTELEGRAMM

Von Nasbinals auf der D 987 nach Aubrac. Hier zweigt links die D 533 ab und führt talwärts nach St. Chely d'Aubrac. Vor dem Ort links ab und leichter Anstieg auf der D19 bis zur Abzweigung rechts nach Castelnau. Der schmale Waldweg führt gemächlich ins Tal, bis zur D 557, in die wir nach rechts einbiegen. An der nächsten Einmündung auf die D 141 nach St. Côme.

Nasbinals

Nasbinals ist ein Ort mit typischen Häusern des Aubrac; sehenswerte romanische Kirche aus dem 11. Jh. Ausflugstip: Nehmen Sie von hier aus die Landstraße Richtung Montgras, und die D 52 bis Bonnecombe im unbewaldeten Teil der Monts Aubrac. Der Weg führt an zahlreichen idyllischen kleinen Seen vorbei durch eine welt-abgeschiedene Landschaft. Nach ca. 12 km, westlich der Straße, der Signal de Mailhebiau, mit 1469 m der höchste Gipfel der Monts d'Aubrac.

Aubrac

Die rauheste Ecke der Region (1300 m) und im Mittelalter besonders gefürchtet. Deshalb übernahm ein Ritterorden den Schutz der Pilger nach Santiago de Compostela und baute bereits im 12. Jh. eine Klosterburg mit Hospital, von der nur noch ein mächtiger Turm sowie die romanische Kirche erhalten sind.

Probieren Sie hier das Schäferessen Aligot (Kartoffeln mit Käse und Speck), am besten im Buron, der landestypischen Schäferhütte. Alljährlich um den 25. Mai herum findet der Almauftrieb statt, verbunden mit einem farbenfrohen Volksfest (Fête de la Transhumance).

St Côme d'Olt

Liebevoll restaurierte, mittelalterliche Stadt am Lot; gut erhaltene Tore der Stadtbefestigung; sehenswerte Kirche mit gedrehtem Turm; stimmungsvoller Markt auf dem Kirchplatz.

INFORMATION

12470 Aubrac
Tourist Information St Chely
Hotel, Restaurant; Logis de France; Gite de groupes
Wanderherberge im „Tour des Anglais"

St Chely-d'Aubrac
Tourist Information
Hotel, Restaurant;
Gîte d'étape

Castelnau-de-Mandailles
Ferme Auberge

12500 St. Côme-d'Olt
Tourist Information
Hotel, Restaurant;
Gîte d'étape; Camping

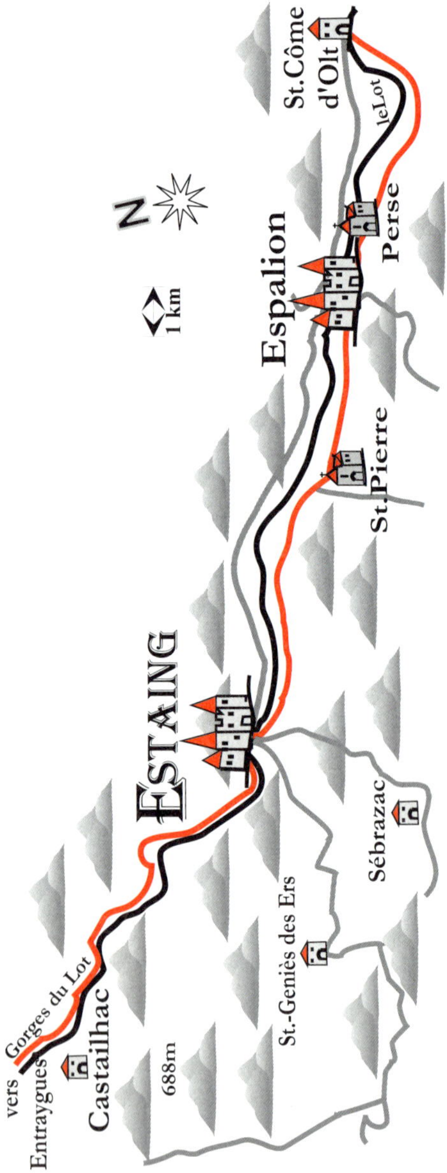
St.Côme d'Olt
le Lot
Perse
Espalion
N
1 km
St. Pierre
ESTAING
Sébrazac
St.-Geniès des Ers
Gorges du Lot
vers Entraygues
Castailhac
688m

STRECKENTELEGRAMM

Wir verlassen St. Côme d'Olt auf dem GR 65 und fahren über die Brücke durch das Tal des Lot nach Espalion. Vor dem Ort, etwas abseits vom Weg am Ostrand des Friedhofs, liegt die sehenswerte romanische Eglise de Perse aus dem 11. und 12. Jh. In Espalion erst links halten, dann rechts auf die D 556, die uns an St. Pierre vorbei auf dem linken Flußufer Richtung Estaing führt. Dort über die Brücke und nach links auf der D 920 durch die Gorges du Lot nach Entraygues.

Espalion

Im Tal des Lot gelegene Stadt, überragt von den Ruinen des Schlosses Calmont d'Ôlt. Die Pont Vieux, eine alte Brücke aus dem 13. Jh., bildet zusammen mit dem Vieux Palais und den Gerberhäusern ein äußerst malerisches Ensemble. Vieux Palais, 1572 im Stil der Renaissance am Ufer des Lot erbaut, mit einem kleinen Türmchen versehen; ehemaliger Justizpalast. Les Vieilles Tanneries; alte Gerberhäuser am rechten Ufer des Lot mit schönen Holzbalkonen. Musée Joseph-Vaylet, in der ehemaligen Kirche Saint-Jean aus dem 15. Jh. untergebracht. Heimatmuseum mit Sammlungen aus dem traditionellen Lebensbereich der Bewohner von Espalion und des Rouergue: Trachten, Mobiliar, Hausrat u. a. m. Daneben, einzigartig in Frankreich, eine Sammlung von 300 Weihwasserkesseln.

Eglise Saint-Pierre

Mittelalterliche Kirche, deren Turm eine seltene Kostbarkeit aufweist: eine versteckte Wendeltreppe führt in eine Kapelle, im romanischen und vorromanischen Baustil errichtet, mit einem Altar aus der Zeit der Merowinger.

Estaing

Malerischer Ort am Lot, mit schönen alten Häusern aus dem 16. bis. 18. Jh. rings um das Schloß aus dem 15. Jh.; Brücke 13. Jh.

INFORMATION

12500 Espalion
Bahnstation;
Office de Tourisme
Hotel, Restaurant
Campingplatz

12190 Estaing
Tourist Information
Hotel, Restaurant
Ferme Camping
Pilgerherberge hinter dem Rathaus

Die »Entdeckung des Menschen«

Zu den ältesten Funden, die man aus prähistorischer Zeit gemacht hat, gehören diejenigen in den Höhlen Südwestfrankreichs; die dortigen Fundorte geben den verschiedenen vorgeschichtlichen Epochen ihren Namen. So unterscheidet man für den Zeitraum der Jüngeren Altsteinzeit *(Paleolithique superieur)*, in dem man den Beginn einer Entwicklung bildnerischer Kunst ansetzen kann (vor etwa 40.000 Jahren), das *Perigordien*, *Aurignacien*, *Solutreen* und *Magdalenien*. Der *Homo sapiens* läßt sich im *Aurignacien*, ca. 30.000 bis 20.000 Jahre vor Christus, nachweisen und wird deshalb als Aurignacien-Mensch bezeichnet. Aus dieser Zeit, die nach dem Ort Aurignac in der Nähe von Saint Gaudens benannt wird, haben sich Fingerschleifspuren, Hand- und Fußabdrükke, Figurenreliefs und Tiergravierungen bis in unsere Tage erhalten. Funde aus dem *Solutréen* (benannt nach dem Ort Solutré bei Mâcon) sind mittels einer speziellen Schlagtechnik verfertigte Feuersteine, Pfeilspitzen und Nadeln mit Nadelöhr versehen. Das *Magdalénien*, benannt nach La Madeleine bei Les Eyzies-de-Tayac, Dép. Dordogne, setzt man für einen Zeitraum vor 15.000 bis 10.000 Jahren an.

Ab 10.000 v.Chr. begann in Südfrankreich eine große Bevölkerungsverschiebung, die mit dem Zurückweichen der Gletscher und dem Abwandern des Rens zusammenfällt, das als Jagdtier für den damaligen Menschen von großer Bedeutung war. Aus dieser Zeit, also dem Ende der Altsteinzeit, stammen Malereien und Funde zahlreicher südfranzösischer Höhlen. Diese Periode brachte reiche und ausdrucksvolle bildnerische Gestaltungen in Form von Höhlengravierungen, -skulpturen und -malereien von Rentieren, Bisons, Pferden, Mammuten, Hirschen und Menschen als Zauberer. Die umfangreichsten Darstellungen finden sich, neben anderen Höhlen mit Gravuren, Strichzeichnungen und Malereien, in der 1940 von spielenden Kindern entdeckten Höhle von Lascaux bei Montignac (siehe auch Grotte Pech-Merle auf Seite 87).

Bild r. o.:
Blick auf Conques mit Kloster Sainte-Foy
r.u.: Das Wahrzeichen von Cahors: Pont Valentré

Seite 82/83
Großes Bild: Moissac, Abtei Eglise Saint-Pierre; Kreuzgang
o.r. Portal und Tympanon
o.l. Blick auf Rocamadour

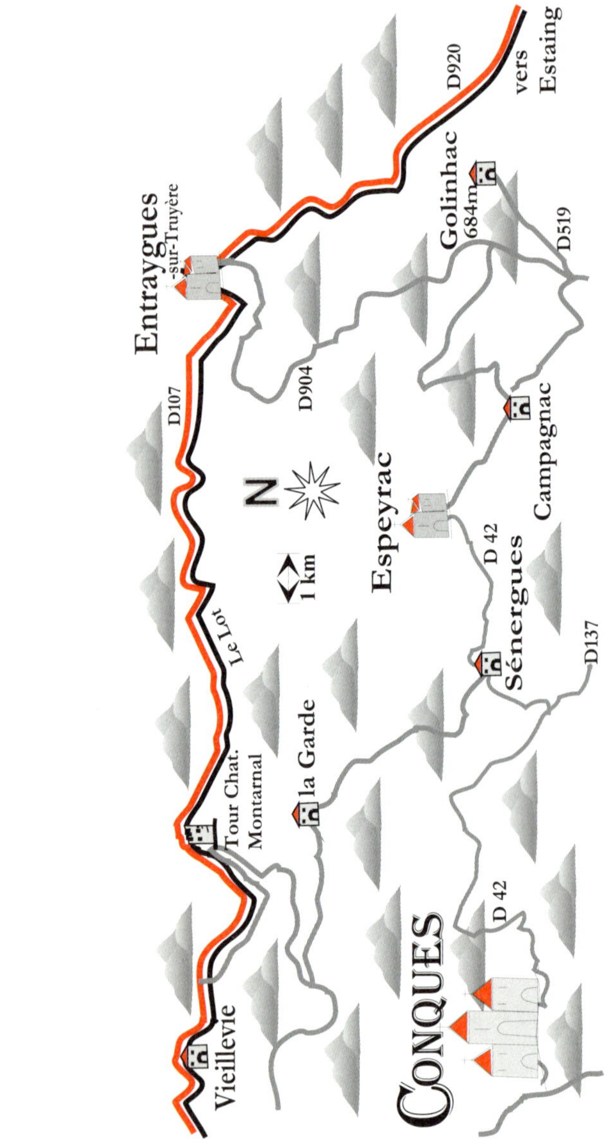

Entraygues
-sur-Truyère
D920
vers
Estaing
Golinhac
684m
D519
D107
D904
N
1 km
Espeyrac
Campagnac
D 42
Sénergues
D137
Le Lot
la Garde
Tour Chat.
Montarnal
D 42
Conques
Vieillevie
D 901

STRECKENTELEGRAMM

Auf der D 920 durch die Gorges du Lot, einer 17 km langen, bis zu 300 m tiefen wilden Schlucht zwischen Estaing und Entraygues-sur-Truyère. Nördl. des Ortes überqueren wir die Truyère auf einer alten Bogenbrücke und fahren auf der D 107 zurück ins malerische Tal des Lot nach Vieillevie.

Entraygues-sur-Truyère

Altes Städtchen in einem fruchtbaren Becken an der Mündung der Truyère in den Lot; der im 12. Jh. gegründete Ort besitzt noch heute viele Zeugnisse seiner mittelalterlichen Vergangenheit. Reste der alten Stadtmauer aus dem 12. Jh.; Schloß aus dem Jahre 1290, 1604 zerstört und 1654 im ursprünglichen Baustil wieder errichtet. Zwei Brücken aus dem 13. Jh., eine über den Lot, eine über die Truyère. Schöne alte Häuser, teilweise noch aus gotischer Zeit, in den malerischen Gassen der Altstadt.

Conques

Bereits der *Codex Calixtinus* empfahl den Jakobspilgern, den Weg über Conques zu nehmen und hier im Kloster Sainte-Foy Station zu machen. Die Einsiedelei über den steilen Hängen der Ouche war, nachdem sie im 9. Jh. auf recht aussergewöhnliche Weise die Reliquien der Heiligen Fides in ihren Besitz gebracht hatte, durch ihre Wunder berühmt geworden. Es ist schon ein besonders Erlebnis, am Ende einer Tagesetappe durch die schmalen Gassen, links und rechts alte Häuser, mit Steinplatten gedeckt, hinunter zur Klosterkirche zu wandern.

Die im 11./12. Jh. erbaute romanische Kirche entspricht in ihrer Architektur der Kathedrale von Santiago de Compostela. Vom früheren Kreuzgang (sein Grundriss wird durch Steinplatten gekennzeichnet) sind leider nur wenige Arkaden erhalten.

Das Museum von Conques beherbergt den größten Kirchenschatz des französischen Mittelalters, darunter Arbeiten aus der Goldschmiedewerkstatt der Abtei aus der Zeit der Karolinger bis zum 14. Jahrhundert, u. a. eine Reliquiarstatue der Heiligen Fides aus dem 10. Jh. (weiter nächste Seite)

INFORMATION

Entraygues-sur-Truyere
Syndicat dInitiative 30, Tour de Ville
Hotel, Restaurant;
Ferme Auberge
Campingplätze

12320 Conques
Syndicat d'Initiative
Nächste Bahnstation: Marcillac, 19 km südlich
Hotel, Restaurant;
Campingplatz

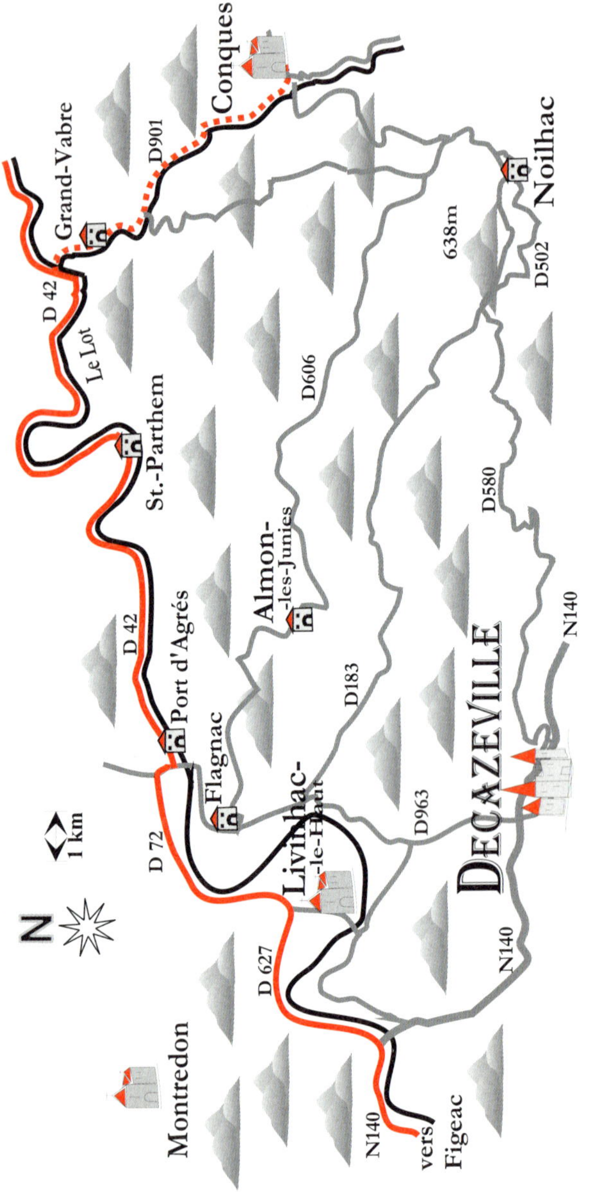
N
1 km
Conques
Grand-Vabre
D901
Noilhac
D 42
Le Lot
St.-Parthem
D606
638m
D502
Almon-
-les-Junies
D580
D 42
Port d'Agrés
Flagnac
D183
N140
DECAZEVILLE
Livinhac-
-le-Haut
D963
D 72
D 627
N140
Montredon
N140
vers
Figeac

STRECKENTELEGRAMM

Auf der D 42 im Lot-Tal; für einen Besuch von Conques überqueren wir den Fluß auf der neuen Brücke und fahren auf der D 901 durch das Tal der Dourdou über Grand Vabre hinauf zur Abtei Ste. Foy. - Wieder zurück zum Lot, geht es auf der D 42 nach Port d' Agrés; beim Stop-Schild rechts ab und gleich wieder links auf die D 72 Richtung Livinhac le Haut. Noch vor dem Ort rechts ab auf die D 627 Richtg. Capdenac (N 140).

noch Conques

Über dem Westportal der Abteikirche befindet sich ein Tympanon aus dem Jahre 1140 mit einer Darstellung des »Jüngsten Gerichts«; es ist eines der eindrucksvollsten und besterhaltenen Tympana der Romanik in Frankreich. Im Zentrum thront Christus in der Mandorla, mit der linken Hand auf die Verdammten deutend, die in der Hölle leiden, mit der rechten die Auserwählten segnend, über deren Häuptern vier Engel schweben. Rechts von Christus Maria und Petrus sowie eine Gruppe von Äbten und Gönnern des Klosters, darunter Karl der Große. Links unten die hl. Fides, sich vor dem segnenden Christus niederwerfend. Daneben, in der Mitte, der Hl. Michael, die Seelen abwiegend, sowie der Teufel, der die Waage zu seinen Gunsten zu beeinflussen sucht.

INFORMATION

12300 Decazeville
Tourist Information
Hotel, Restaurant;
Camping
bekannt aufgrund der Kohlevorkommen, die hier im Tagebau abgebaut werden.

Port d'Agres
Logis de France

Livinhac le Haut
Tourist Information
Hotel, Restaurant;
Gîte d'étape; Camping

Grotte Pech-Merle im Celé-Tal

In der Grotte du Pech Merle bei Cabrerets (Karte S. 93) befindet sich das »Musée de la Préhistoire Amédée Lemozi«, das einen hervorragenden Überblick über die prähistorische Zeit des Quercy gibt. Knochenfunde, Waffen, Werkzeuge, artifizielle und Gebrauchsgegenstände des Menschen der Urzeit, von 160 verschiedenen Fundorten zusammengetragen, sind hier ausgestellt. Diese Stücke sind Zeugnisse der gesamten Entwicklungsperiode vom frühen Paläolithikum bis hin in die Eisenzeit. Daneben geben Fotoausstellungen einen Überblick über verschiedene Höhlensysteme des Quercy, vor allem über Pech-Merle und die Höhle von Cougnac. Auch die Malereien, Tier- und Menschendarstellungen können besichtigt werden; sie sind im Verlauf langer Zeiträume entstanden, in denen die Höhlen wahrscheinlich kultischen Zwecken, dem Jagdzauber und ritueller Beschwörung dienten. Übermalungen älterer Bilder und die dargestellten Tiere (Wildpferde, Hirsche, Urrinder, während das Mammut fehlt) sind Hinweise auf ihre Entstehung in der letzten Kulturstufe der Eiszeit.

Rad-Fernwanderweg nach Santiago de Compostela

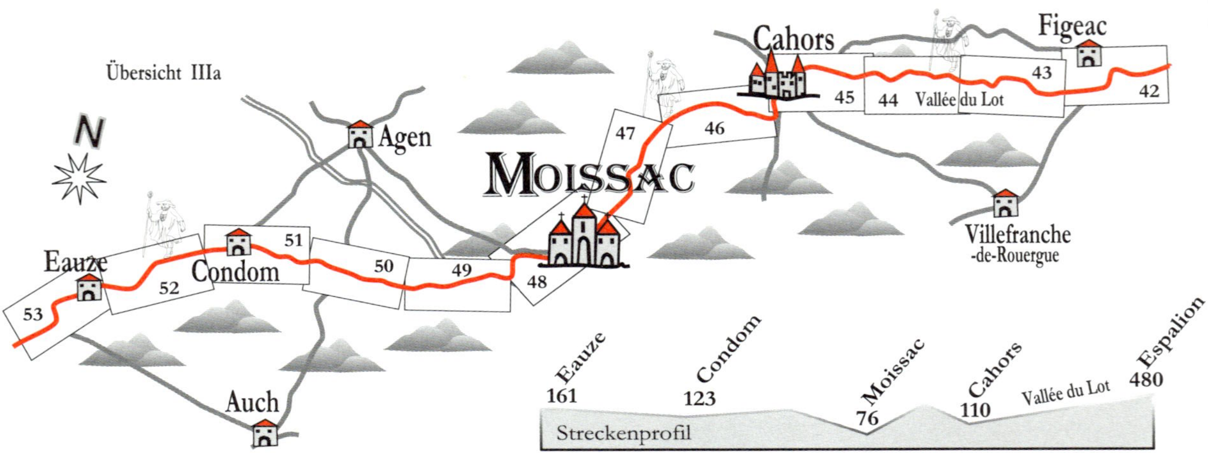

Karte	Seite
42 Figeac	90
43 Cajarc	92
44 Varaire	93
45 Cahors	94
46 Montcuq	96
47 Lauzerte	97

Karte	Seite
48 Moissac	98
49 Auvillar	100
50 Lectoure	101
51 Condom	102
52 Montreal	104
53 Eauze/Nogaro	106

Karte	Seite
54 Aire-sur-l'Adour	107
55 Miramont-Sensacq	108
56 Arthez-de-Béarn	109
57 Navarrenx	112

Karte		Seite
58	Aroue	114
59	Ostabat	115
60	St. Jean/Roncesvalles	116

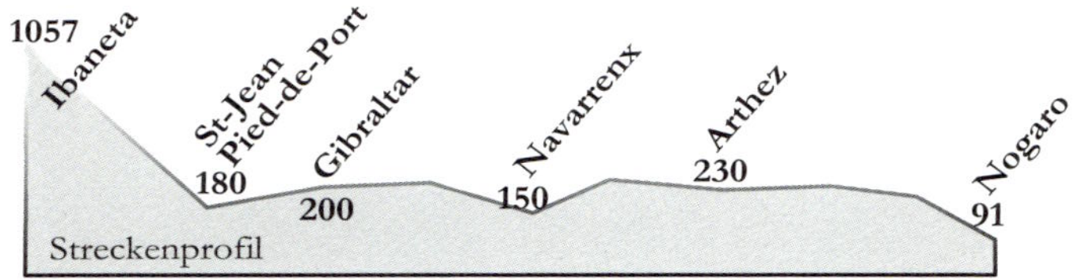

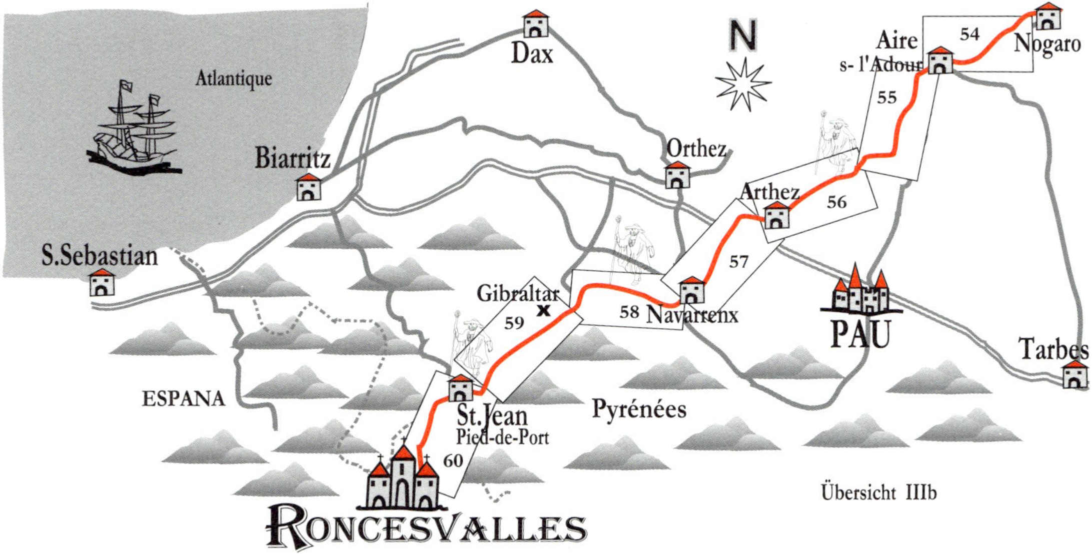

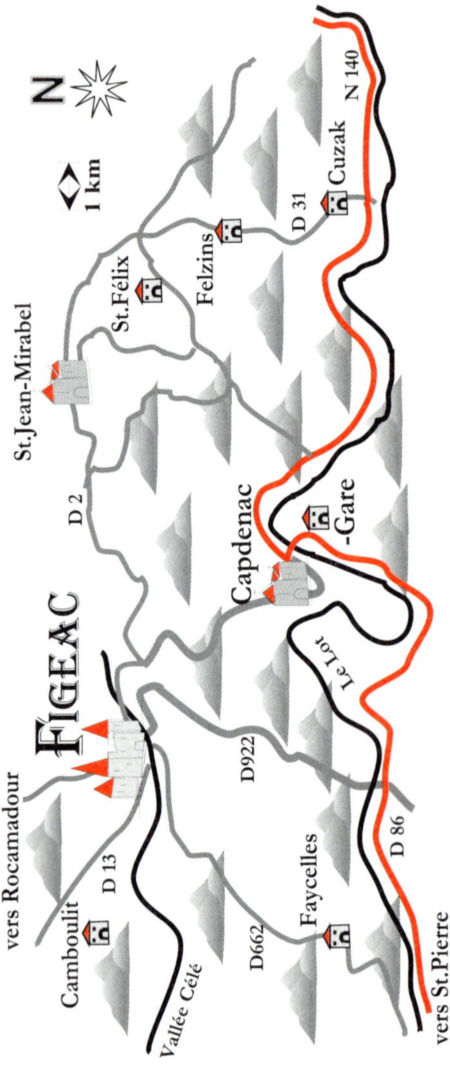
N
1 km
FIGEAC
vers Rocamadour
Camboulit
D 13
Vallée Célé
D662
Faycelles
D922
D 86
vers St.Pierre
Le Lot
Capdenac
-Gare
D 2
St.Jean-Mirabel
St.Félix
Felzins
D 31
Cuzak
N 140

STRECKENTELEGRAMM

Auf der stark befahrenen N 140 bis Capdenac-Gare. Über die Brücke und gleich wieder rechts am Fluss entlang; bis zur Brücke nach St. Pierre auf der D 86 bleiben. Über den Lot und weiter Richtg. Cajark.

Lohnende Abstecher: Figeac und Rocamadour.

Figeac

Mittelalterliche, liebevoll restaurierte Stadt an der Célé; folgen Sie bei Ihrem Rundgang durch die Stadt dem „Schlüssel"-Wegweiser, ausgehend vom Hôtel de la Monnaie, ursprünglich l'oustal dé lo Mounédo, wie eine Inschrift auf der ehem. königlichen Münze bereits im 12. Jh. bekundete. Heute beherbergt es neben der Tourist-Information das Musee Vieux Figeac mit Ausstellungsstücken aus gallo-römischer Zeit sowie aus der Zeit der Romanik, Gotik und Renaissance, Zeugnisse der Geschichte der Stadt und ihrer näheren Umgebung. Abteikirche Saint Sauveur, im 11. Jh. begonnen, mit angebautem, sehenswerten Kapitelsaal Notre Dame. Im Geburtshaus des berühmten Ägyptologen Champollion (1790) ist ein Museum eingerichtet worden, das seinem Wirken im Zusammenhang mit der Entzifferung der Hieroglyphen gewidmet ist.

Rocamadour

Dem Besucher bietet sich ein eindrucksvolles Bild: über einer 140 Meter tiefen Schlucht erheben sich in der steil abfallenden Felswand Wohnstätten und kirchliche Bauwerke (insgesamt 7 Kirchen und Kapellen), überragt von einem Schloss. Nach einer Legende hatte sich ein Eremit namens Amadour hier angesiedelt; das Wort „Rocamadour" würde sich demnach vom Namen des Eremiten ableiten: Rocamadour - der Fels (Roc) Amadours. Im 11. Jh. kamen Benediktinermönche aus der Abtei von Tulle nach Rocamadour und übernahmen die kleine Marien-Kapelle. Rocamadour wurde zum Ziel vieler Wallfahrten; die der Muttergottes zugeschriebenen Wunder, der Fund der unversehrten Leiche des sogenannten Amadour und die Lage des Ortes in der Nähe des Pilgerwegs nach Compostela trugen zum Ruf Rocamadours bei. Päpste und Könige räumten Vorrechte ein; aus der ganzen christlichen Welt kamen berühmte Pilger: König Heinrich XI. von England, der heilige Bernhard, der heilige Dominikus, Blanca von Kastilien, Ludwig der Heilige, König Ludwig XI. u.a. Bei der Zurückeroberung Spaniens stellten sich Kreuzritter unter die Standarte der Heiligen Jungfrau von Rocamadour. Seeleute vertrauten sich Unserer Lieben Frau von Rocamadour an, um vor Gefahren beschützt oder aus Gefahren gerettet zu werden; das erklärt die Votivgaben in Form von Schiffen. Von den ehemaligen Befestigungsanlagen sind 8 Stadttore und die Mauer am Schloss erhalten geblieben. 1317 verliessen die Mönche Rocamadour.

INFORMATION

Capdenac
Hotel, Restaurant;
Logis de France
mittelalterliches Dorf mit Befestigungsanlagen und den Ruinen einer alten Burg.

46100 Figeac
Bahnanschluß; Tourist Information
Hotel, Restaurant;
Logis de France; Camping

Viele Jakobspilger zogen von Figeac erst einmal nach Norden, zum Marienheiligtum nach

Rocamadour
Tourist Information
Pilgerbüro
Hotel, Restaurant
Camping

STRECKENTELEGRAMM

Auf der D 86 bis zur Brücke und über den Lot nach St. Pierre; über die D 662 nach Montbrun und Cajark. Wir kommen an der Chapelle de la Madeleine vorbei und bleiben auf der D 662 im Vallée du Lot.

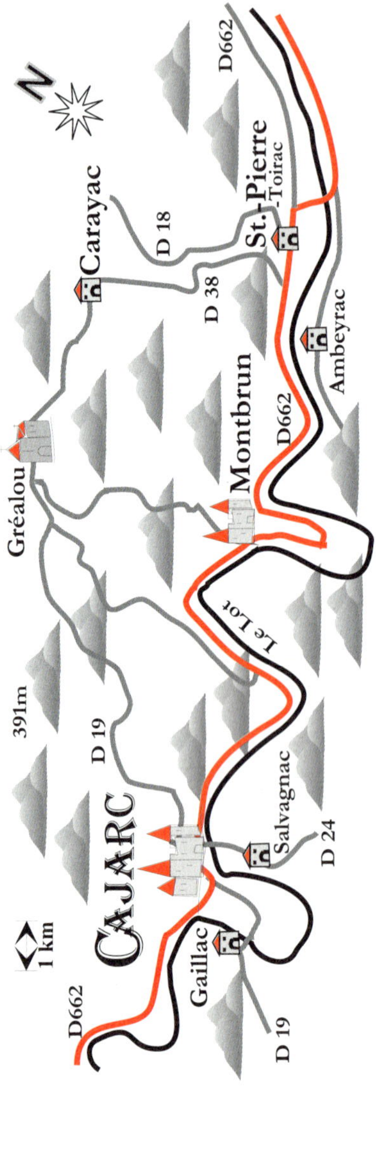

INFORMATION

Montbrun
Hotel, Restaurant
Camping

46160 Cajarc
Tourist Information
Hotel, Restaurant;
Gîte d'étape;
Logis de France
Camping
Von Felsen eingerahmte alte Stadt am Lot; Reste einer Burganlage aus dem 13. Jh. Sehenswerte „Cascade de la Cogne"

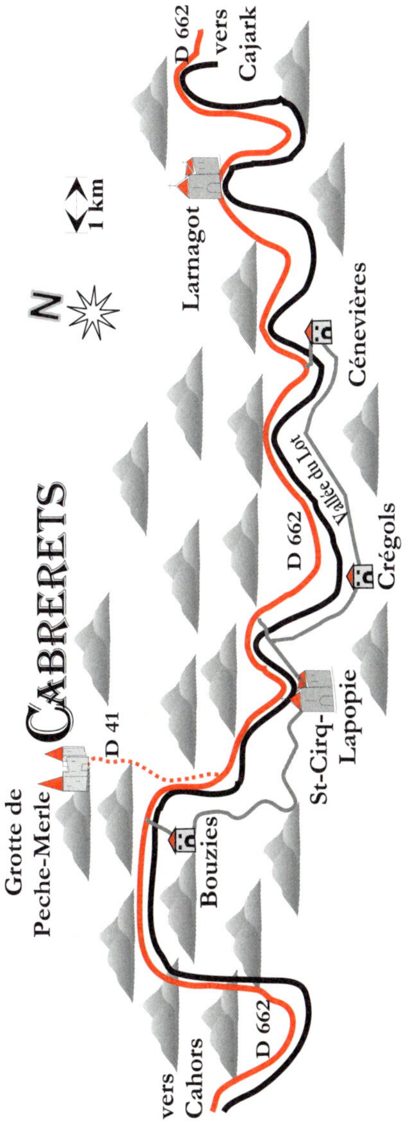

STRECKENTELEGRAMM

Weiter im Tal des Lot; über die D 662 kommen wir nach Larnagot. Auf der anderen Flußseite liegen die Orte Cénevieres (Schloß), St. Martin Labouval und St. Cirq-Lapopie. Hinter Tour-de-Faure zweigt rechts die D 41 ab; im Tal der Celé liegt Cabrerets und unser Ziel ist die Grotte de Peche Merle (siehe S. 87). - Wieder zurück ins Lot-Tal und weiter auf der D 662 Richtung Cahors.

INFORMATION

Larnagot
Gasthaus

St-Cirq-Lapopie
Hotel, Restaurant

46330 Cabrerets
Tourist Information
Hotel, Restaurant;
Grotte Peche-Merle
(Info Seite 87)

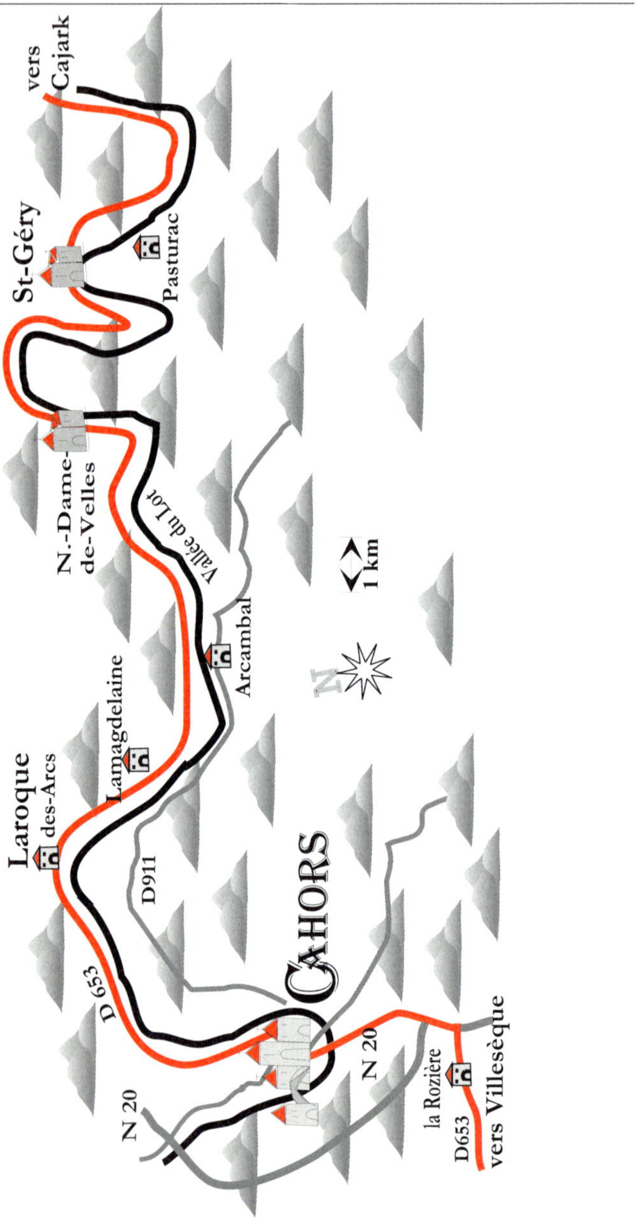
vers Cajark
St-Géry
Pasturac
N.-Dame-de-Velles
Vallée du Lot
1 km
N
Arcambal
Lamagdelaine
Laroque des-Arcs
D911
CAHORS
D 653
N 20
N 20
la Rozière
D653
vers Villesèque

STRECKENTELEGRAMM

Unsere Fahrt im schönen Lot-Tal geht zu Ende; heute erreichen wir auf der D 653 die alte Stadt Cahors. Wer ein wenig für die Kondition tun will, wechselt hinter Vers auf das linke Lot-Ufer; ab hier auf der D 49 bis zur D 911 über Arcambal nach Cahors. - Für die Weiterfahrt nehmen wir die N 20; vom südl. Ortsausgang bis zur Abzweigung nach La Rozière (D 653) leichter Anstieg.

Cahors

Cahors geht zurück auf das alte *Divina Carducorum* an der Fontaine des Chartreux, einer Quelle am gegenüberliegenden Ufer des Lot. Die Gallier und später auch die Römer verehrten die Quelle und huldigten ihr mit einem göttlichen Kult. Unter den Römern wurde die Stadt ausgebaut und erweitert; es entstanden Theater, Tempel, Thermen und Befestigungsanlagen. Das Wahrzeichen der Stadt ist die Pont Valentré, eines der großartigsten Beispiele militärischer Baukunst des Mittelalters in Frankreich. Mit ihren drei 40 m hohen, mit Pechnasen und Schießscharten versehenen Türmen, den sieben Spitzbögen mit den jeweils auf den Brückenpfeilern liegenden Verteidigungsplattformen, stellt sie ein mächtiges militärisches Bollwerk von eleganter Schönheit dar. 1308 begonnen, dauerte ihre Fertigstellung mehr als ein halbes Jahrhundert, wobei nach der Überlieferung der Teufel eine bedeutende Rolle gespielt haben soll. Verzweifelt über das langsame Vorankommen der Bauarbeiten, schließt der Baumeister einen Pakt mit dem Teufel, der sich verpflichtet, alles notwendige Material für den Brückenbau heranzuschaffen und alle Anweisungen ordnungsgemäß auszuführen - dafür verschreibt der Baumeister ihm seine Seele. In kurzer Zeit ist die Brücke fertiggestellt. Der Baumeister aber, in seiner Angst vor den ewigen Höllenqualen, fordert nun vom Teufel, ihm in einem Sieb Wasser zu holen. Nach mehreren vergeblichen Versuchen gibt er auf und, um sich zu rächen, schlägt er eine Ecke des mittleren Brückenpfeilers ab. So oft der Baumeister versucht, den Stein an seinen Platz zurückzusetzen, er fällt immer wieder heraus. Erst bei der Restaurierung der Brücke im letzten Jahrhundert konnte der Stein endgültig befestigt werden. In eine Ecke des Steins hinein gehauen ist das Bild eines kleinen Teufels, der große Anstrengungen unternimmt, den Stein wieder zu beseitigen.

Cathedrale Saint-Etienne, ein großartiger Kuppelbau, begonnen gegen Ende des 11. Jh.; Anfang des 14. Jh. erhielt die Kirche ihre vom byzantinischen Baustil beeinflußte Fassade. Das Nordportal, im 12. Jh. im romanischen Stil errichtet, ist im Tympanon mit einer um 1135 im Stil der Languedoc-Schule entstandenen Darstellung der Himmelfahrt Christi geschmückt. Die Altstadt läßt sich mit all ihren Sehenswürdigkeiten gut durch einen Rundgang erschließen.

INFORMATION

46000 Cahors
Bahnanschluß;
Office de Tourisme
Hotel, Restaurant
Camping

STRECKENTELEGRAMM

Bei la Rozière auf die D 653 in Richtung Villesèque und weiter nach St. Pantaléon. Im Tal der Kleinen Barguelonne fahren wir auf der D 653 über St. Daunès nach Montcuq. Wechselndes Gelände.

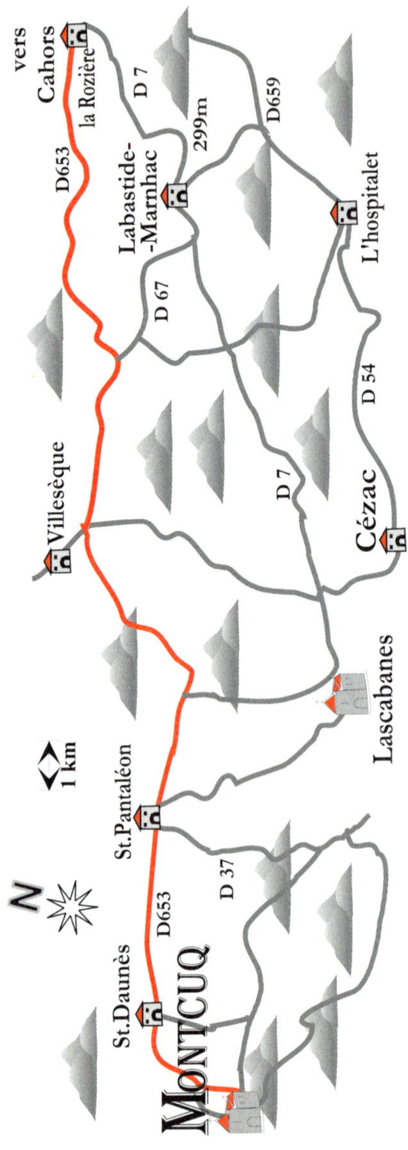

INFORMATION

Labastide-Marnhac
Ferme Auberge

Lascabanes
Gasthaus La Petite Auberge

46800 Montcuq
Tourist Information
Hotel, Restaurant;
Gîte d'étape; Camping

Altes Städtchen an der Barguelonnette, der Kleinen Barguelonne. Das frühere Wehrdorf war einst Hauptstadt des Quercy Blanc

5 km nördlich der Stadt liegt die Grotte Roland; ein ausgetrocknetes, unterirdisches Flußbett führt in mehrere kleine Säle mit bizarren Versteinerungen.

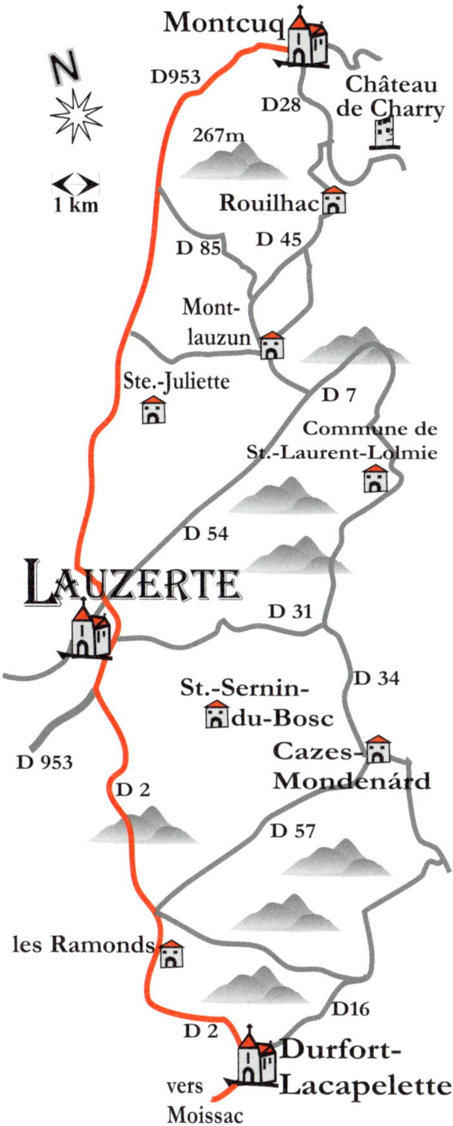

STRECKENTELEGRAMM

Wir bleiben im Tal der kleinen Barguelonne und fahren auf der D 953 in Richtung Lauzerte. Am südlichen Ortsrand biegt von der D 953 links die D 2 ab; über les Ramonds kommen wir nach Durfort-Lacapelette. Wechselndes Gelände.

INFORMATION

82110 Lauzerte
Tourist Information
Hotel, Restaurant;
Gîte d'étape; Camping
Mittelalterliches Wehrdorf mit pittoresken Fachwerkhäusern; schöner Ausblick vom Barbacane.

Etappenziel östl. in ***Cazes-Mondenárd***
Hotel, Restaurant; Camping

Durfort-Lacapelette
Hotel, Restaurant

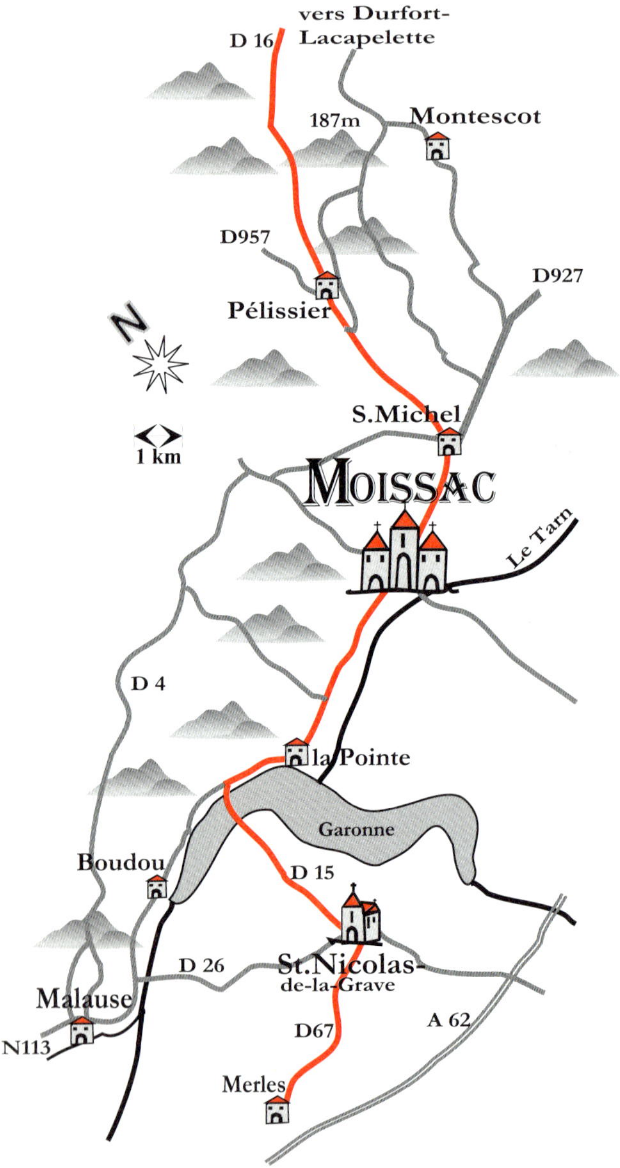
vers Durfort-
Lacapelette
D 16
187m
Montescot
D957
D927
Pélissier
N
1 km
S.Michel
MOISSAC
Le Tarn
D 4
la Pointe
Garonne
Boudou
D 15
D 26
St.Nicolas-
de-la-Grave
Malause
A 62
D67
N113
Merles

STRECKENTELEGRAMM

Von Lacapelette auf der D 16 über Pélissier und St. Michel hinunter nach Moissac. - Wir verlassen die Stadt auf der verkehrsreichen N 113 und fahren noch vor Boudou links ab über die Garonne-Brücke nach St. Nicolas de la Grave und auf der D 67 weiter Richtunq Merles.

Moissac

In grüner Uferlandschaft am Tarn gelegene Stadt, berühmt wegen ihrer Abtei Eglise Saint-Pierre, eines der schönsten romanischen Baudenkmäler Frankreichs, ursprünglich aus dem 12. Jh., doch lediglich der Glockenturm ist noch aus der damaligen Zeit erhalten. Von außen sind die beiden Bauperioden der Kirche gut zu erkennen: der aus Stein erbaute untere Teil sowie die Bogenfenster sind romanisch, der Rest, im 15. Jh. erbaut, gotisch. Das Portal, zwischen 1100 und 1130 ausgeführt, ist eines der bedeutendsten Werke romanischer Bildhauerkunst. Der Portalvorbau aus Pyrenäen-Marmor zeigt rechts und links Szenen aus dem Alten und Neuen Testament, des Jüngsten Gerichts sowie die Statuen des Abtes Roger und eines Benediktinermönchs. Im Innern ist die ursprüngliche Ausstattung des Kirchenschiffs noch teilweise erhalten.

Man verläßt die Kirche und geht um den Glokkenturm herum zum Kreuzgang, Ende des 11. Jh. fertiggestellt und nach seiner Zerstörung im Jahre 1212 durch Simon de Montfort im 13. Jh. in seiner ursprünglichen Gestaltung wieder erbaut (Bild Seite 82/83). Die vier Galerien des Kreuzgangs mit insgesamt 76 Arkadenbögen bilden ein Rechteck von annähernd gleicher Seitenlänge. Die Kapitelle aller 76 Säulen weisen jeweils unterschiedliche Dekorationen auf: u. a. Tierdarstellungen, Blumendekorationen, Szenen aus dem Alten und Neuen Testament sowie Heiligenfiguren. In den Kapellen des Kreuzgangs das Moissac-Museum; Dokumentation und Tonbildschau zur Geschichte des Klosters, Sammlungen sakraler Gegenstände sowie heimatkundliche Sammlungen, u. a. Trachten, Möbel, handwerkliche Gegenstände und Keramiken.

In der Altstadt mehrere mittelalterliche Straßenzüge mit einigen Gebäuden, deren Ursprünge bis ins 12. Jh. zurück reichen. Schöne Fachwerkfassaden u.a. in der Rue Toumeuve, der Rue Derua, der Rue Guileran und der Rue Caillavet.

INFORMATION

82200 Moissac
Bahnanschluß;
Office de Tourisme,
Pl. Durand de Bredon;
Hotel, Restaurant;
Gîte d'étape; Camping
Boudou
Auberge Garonne
St. Nicolas de la Grave
Restaurant; Camping

STRECKENTELEGRAMM

Von Merles über die D 12 / D 89 nach Bardigues und weiter nach Mansonville. Durch den Ort zur D 953; über Flamarens nach Miradoux. Wechselndes Gelände.

Alternative: Von Mansonville über Saint Antoine (siehe unten) nach Flamarens.

INFORMATION

82340 Auvillar
Hotel, Restaurant;
Gîte d'étape
Malerisch an der Garonne gelegene Kleinstadt mit schöner Markthalle und einem Fayencen-Museum.

Saint Antoine
Gasthaus
Alter befestigter Ort und Tor der Jakobspilger zur Gascogne. Hinter dem Torturm liegt linkerhand die mittelalterliche Kirche Saint Antoine mit einem mozarabischen Portal aus dem 12. Jh. (s.o.)

Miradoux
Ferme Camping

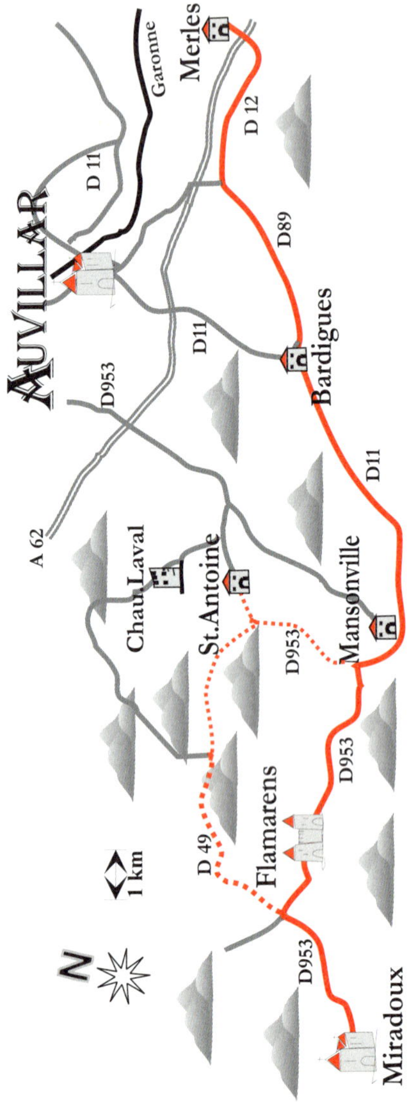

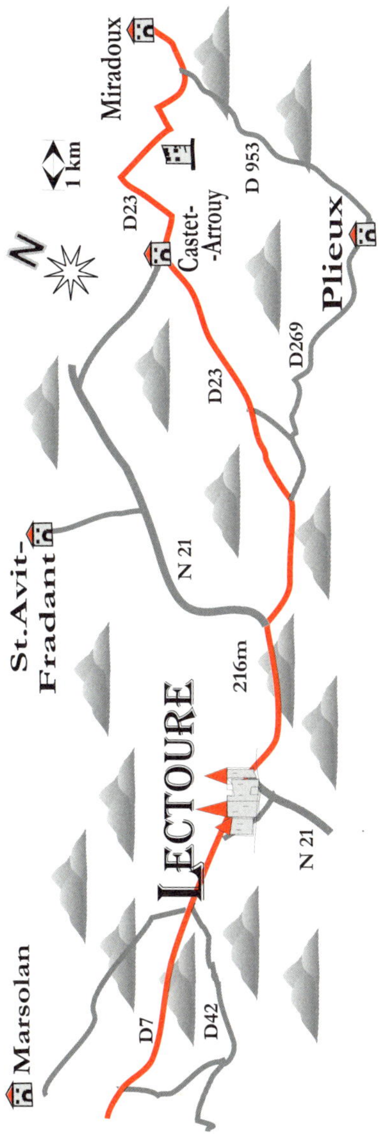

STRECKENTELEGRAMM

Von Miradoux über die D 23 nach Castet-Arrouy und weiter Richtung Lectoure; vor der Stadt ein kurzes Stück auf der N 21. Auf der D 7 nach Westen Richtung Condom. Wechselndes Gelände.

INFORMATION

32700 Lectoure
Tourist Information
Hotel, Restaurant;
Gîte d'étape
Ferme Camping
Befestigter Ort mit gotischer Kathedrale aus dem 13. Jh., Bischofspalais aus dem 17. Jh., heute Rathaus. Museum mit gallo-römischen Ausgrabungsstücken und sakraler Kunst des 3./4. Jh. (Stieropfer)

ca. 10 km südlich:
Fleurance
mittelalterlicher Ort im Tal des Gers; schöne Laubengänge um den Marktplatz und gotische Kirche aus dem 14. Jh.

ca. 11 km östlich
Chateau Gramont
Schloß aus dem 13. Jh., im Renaissance-Stil erneuert, mit schöner Gartenanlage.

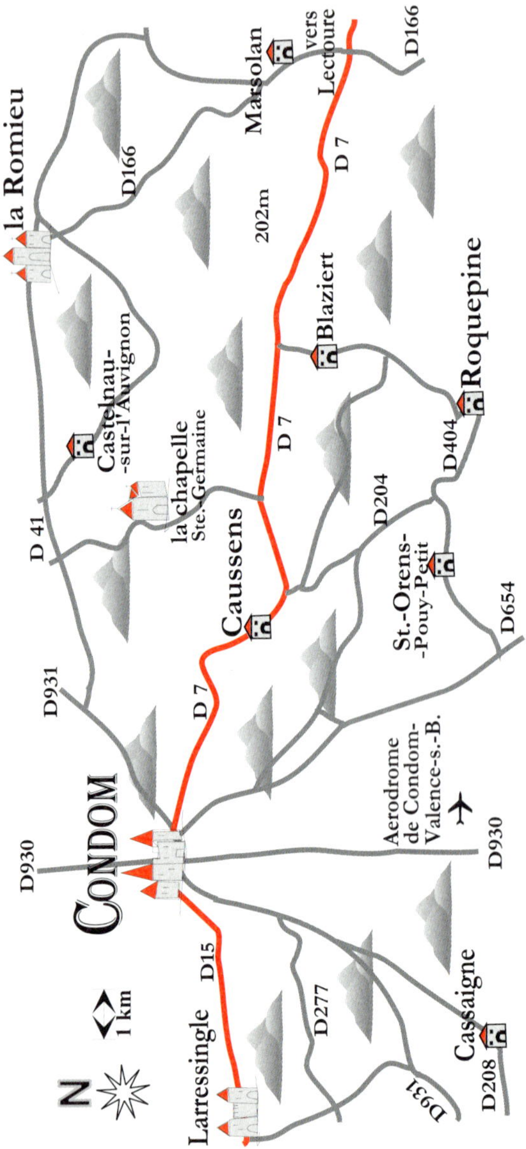
N
1 km
Larressingle
D15
CONDOM
D930
D931
D 7
Caussens
la chapelle
Ste.-Germaine
Castelnau-
-sur-l'Auvignon
D 41
la Romieu
D166
Marsolan
vers
Lectoure
D166
D 7
202m
Blaziert
D 7
Roquepine
D404
D204
St.-Orens-
-Pouy-Petit
D654
Aerodrome
de Condom-
Valence-s.-B.
D930
Cassaigne
D208
D277
D931

STRECKENTELEGRAMM

Von Lectoure über die D 7 bis Condom. Abstecher über Marsolan nach la Romieu (D 166) ist zu empfehlen. Von dort über die D 41 / D 931 ebenfalls nach Condom. Auf der D 15 nach Larressingle. Wechselndes Gelände.

La Romieu

am mittelalterlichen Pilgerweg nach Santiago de Compostela gelegen. Alte Festungsanlagen sowie schönes Ensemble von Tour du Cardinal (Reste des Bischofspalais) und Stiftskirche Collégiale Saint-Pierre aus dem 13. Jh. Der achteckige Ostturm (Tour Est) gilt als einer der schönsten Türme der Gascogne; Besichtigung der übereinander liegenden Räume mit Eingang durch den stimmungsvollen gotischen Kreuzgang zur Sakristei.

Condom

inmitten des Armagnac und im Herzen der Gascogne gelegen. Die Stadt wurde bereits im 11. Jh. gegründet und ist nicht nur aufgrund ihres hervorragenden Weinbrands Armagnac bekannt, sondern auch wegen ihrer Cathedrale Saint-Pierre, 1507-1531 neu erbaut. Man betritt die Kirche durch das im spätgotischen Flamboyant-Stil gestaltete Portal. Im Innern besticht vor allem die für die Languedoc-Kirchen ungewohnte Helligkeit des Kirchenschiffs; Kapelle aus dem 14. Jh.
Im Norden der Kathedrale der im 16. Jh. errichtete Kreuzgang mit Doppelgalerien, die ebenfalls eine Auflösung der gotischen Bauweise charakterisieren. In den ehemaligen bischöflichen Pferdeställen ist das Musée de l'Armagnac mit Sammlungen zur Geschichte und dem Leben im Armagnac untergebracht. Schöne alte Häuser aus dem 17. und 18. Jh., im Stadtzentrum Gebäudeensemble aus dem 16. Jh.

Valence-sur-Baîse

Etwa 7 km südlich über die D 930 zur Abbaye de Flaran, einem der schönsten Zisterzienserklöster Südfrankreichs und 1 km weiter nach Valence-sur-Baîse, einem alten Wehrdorf aus dem 13. Jh. mit einer Kirche aus dem 14. Jh. und mehreren Schlössern in der näheren Umgebung.

Cassaigne

6 km südwestlich liegt das Schloß aus der ersten Hälfte des 16. Jh., ein ehem. Landsitz der Bischöfe von Condom. Im Innern vollständig erhaltene Küche aus der damaligen Zeit sowie ein „Chai de vieillissement", ein Spirituosenlager, Anfang des 19. Jh. angelegt, an dessen Flaschen entlang man die Geschichte des Armagnac nachvollziehen kann.

INFORMATION

32480 La Romieu
Hotel, Restaurant;
Gîte d'étape;
Ferme Camping
Castelnau-sur-l'Auvignon:
Ferme Auberge

32100 Condom
Bahnstation; Syndicat d'Initiative, Pl. Bossuet
Hotel, Restaurant;
Gîte d'étape
Ferme Auberge/ Ferme Camping

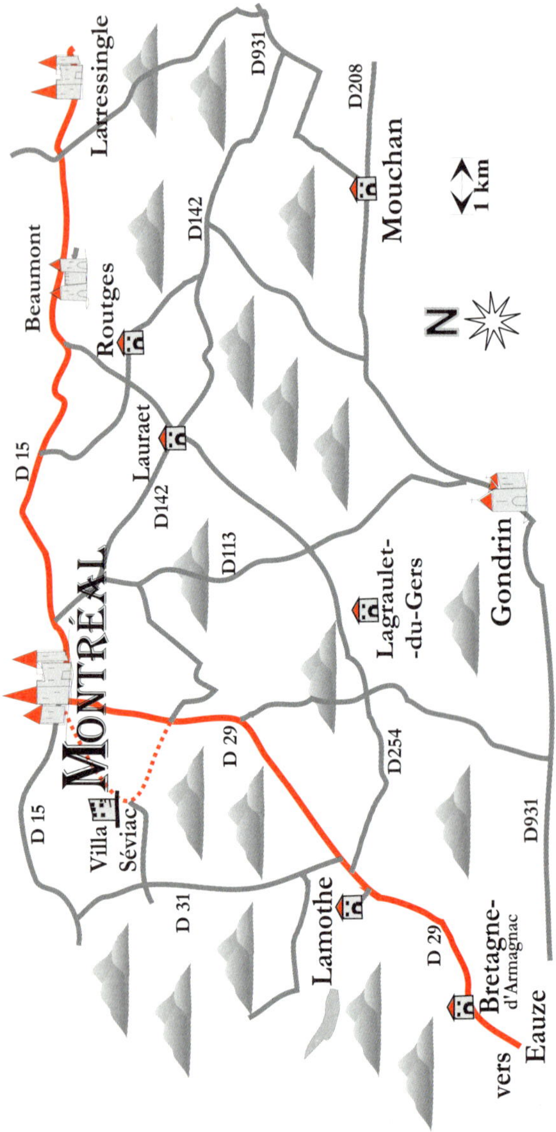

Larressingle
D931
D208
Mouchan
1 km
Beaumont
Routges
D142
N
Lauraet
D 15
D142
D113
MONTRÉAL
Gondrin
Lagraulet-
-du-Gers
D 29
D254
D 15
Villa
Séviac
D931
D 31
Lamothe
D 29
Bretagne-
d'Armagnac
vers
Eauze

STRECKENTELEGRAMM

Auf der D 15 an Chateau Beaumont vorbei nach Montréal. Wir fahren weiter auf der D 29 über Bretagne d'Armagnac nach Eauze. Wechselndes Gelände.

Empfehlung: In Séviac, westlich von Montréal, liegen die Ausgrabungen einer gallo-romanischen Villa (siehe rechts).

Larressingle

Die kleine mittelalterliche Festungsstadt bietet ein Bild aus längst vergangenen Tagen. Die Straße in den Ortskern aus dem 13. Jh., der ringsum von einer Stadtmauer umgeben ist, führt über eine den Burggraben überspannende alte Brücke und durch ein befestigtes Tor. Im Ort ein Donjon, eine romanische Wehrkirche, die Sigismund, dem König der Burgunden, geweiht war, sowie mehrere restaurierte Häuser.

INFORMATION

Larressingle
Gasthaus
Der Jakobsweg führt von Larressingle den Hang hinunter und über die eigens für die Pilger im 13. Jh. erbaute Pont d'Artigues nach

32250 Montreal
Hotel, Restaurant;
Gîte d'étape; Camping
Altes Wehrdorf (Bastide von 1256) mit z.T. erhalten gebliebener Befestigungsanlage, gotischer Wehrkirche und zentralem Platz mit schönen Arkadengängen.

Lagraulet-du-Gers
Ferme Auberge
Bretagne-d'Armagnac
Ferme-Camping

Villa de Séviac

2 km südöstlich liegt die von Archäologen ausgegrabene Villa Seviac aus dem 4. Jh. mit interessanten gallo-römischen Anlagen, Fundamenten eines frühchristlichen Bauwerks, sowie Überresten aus merowingischer Zeit. Zu sehen sind durch Hypokausten beheizbare Thermen sowie Bäder mit wunderbar erhaltenen, farbigen Mosaiken.

Der Armagnac ist...

...das wohl bekannteste Erzeugnis des Départements Gers. Das gleichnamige ca. 35.000 Hektar Rebfläche umfassende Anbaugebiet liegt südlich und westlich von Condom, und teilt sich auf in »Bas-Armagnac«, aus dem die besten Armagnacs kommen, so etwa aus der Gegend um Castex, Montclar und Monlezun ca. 40 bis 50 km westlich von Condom, das östlich anschließende »Ténazère« um Eauze und Montréal sowie Haut Armagnac um Condom und Vic-Fézensac.
Die bedeutendste Rebsorte im Armagnac ist die »Folle Blanche«, die von den Einheimischen »Piquepoul« genannt wird und einen harten, säurereichen Wein liefert, der sich hervorragend zur Branntweindestillation eignet. Nach einem im Gegensatz zum Cognac kontinuierlichen Brennprozeß erhält der Armagnac sein delikates Bouquet, und seine dunkle bernsteinfarbene bis goldene Färbung durch eine mehrjährige Lagerung in speziellen schwarzen Eichenfässern (meist zwischen 4 bis 10 Jahren).

STRECKENTELEGRAMM

Über die D 931 nach Eauze; vom Stadtring zweigt die Landstraße nach Sauboires ab. Von dort Richtung Süden über die D 122 nach Manciet. Ein kurzes Stück auf der N 124 bis zum Weg Richtung Pérès und weiter nach Nogaro.
Wechselndes Gelände.

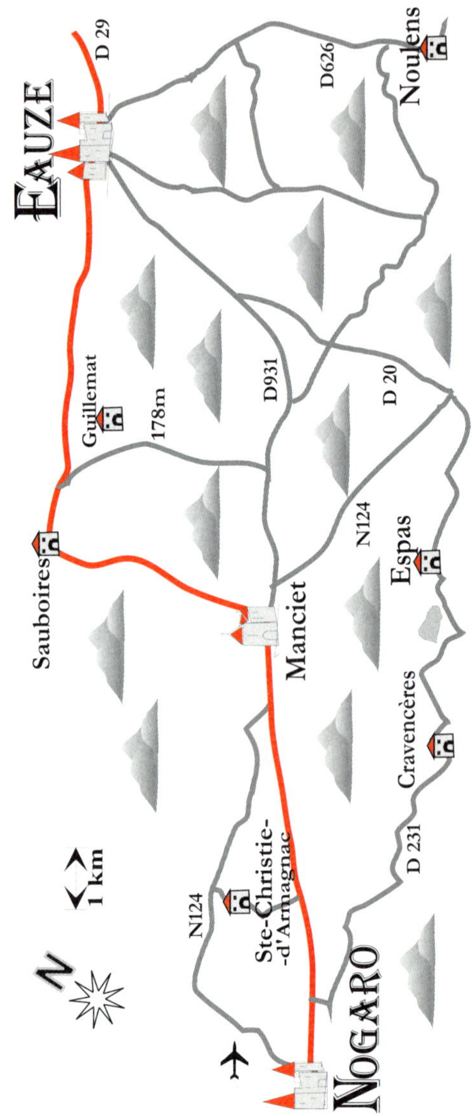

INFORMATION

32800 Eauze
Tourist Information
Hotel, Restaurant;
Gîte d'étape
Camping
Backsteinkirche St. Luperc, um 1500 im gotischen Stil erbaut; rings um den Marktplatz alte Häuser aus dem 15. Jh.

Sauboires
Gîte d'étape

Manciet
Gasthaus

32110 Nogaro
Hotel, Restaurant;
Gîte d'étape
Kleine Stadt mit den Resten eines romanischen Klosters aus dem 12. Jh.

Ferme-Camping in Cravencéres (6 km)

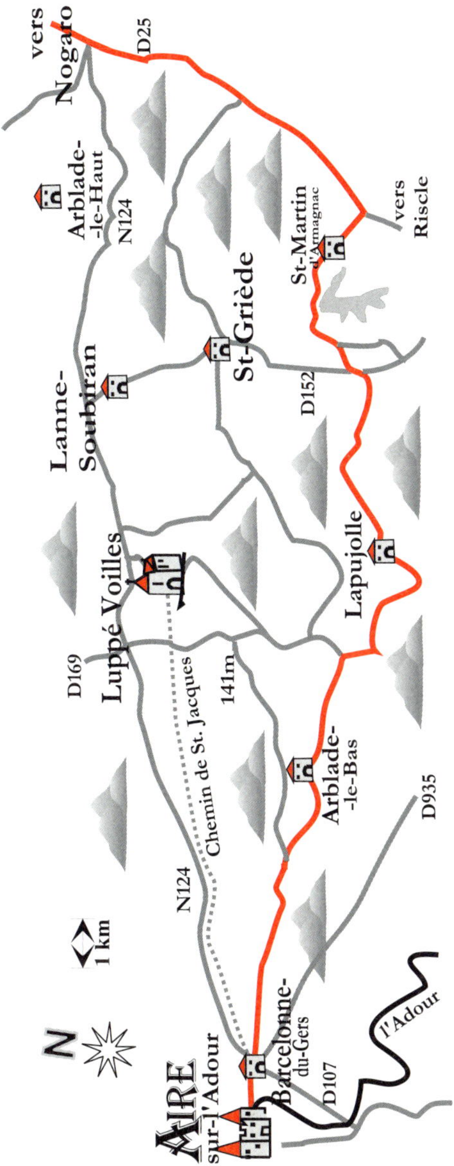

STRECKENTELEGRAMM

Auf der D 25 Richtung Riscle auf die Abzweigung nach St. Martin d'Armagnac achten (Badesee).
Über Lafitte und Lapujolle nach Arblade le Bas und weiter nach Barcelonne du Gers und Aire sur l'Adour.
Wechselndes Gelände.

INFORMATION

Luppe-Voilles
alte Kirche und Hospital St. Jacques
Landgasthöfe

Barcelonne du Gers
Hotel; Restaurant

40800 Aire-surl'Adour
Tourist Information
Hotel, Restaurant
Pilgerherberge; Camping

STRECKENTELEGRAMM

Auf der N 134 bis zur Abzweigung der D 456 Richtung Latrille. Hinter dem Ort rechts auf die D 457 nach Mauries und weiter Richtung Süden nach Miramont-Sensacq. Rechts ab auf die D 410 nach Westen und auf der D 111 nach Pimbo. Wir bleiben auf der D 111 (später D 32) und fahren über Poursiuges-Boucoue in Richtung Arzacq-Arraziguet. Wechselndes Gelände.

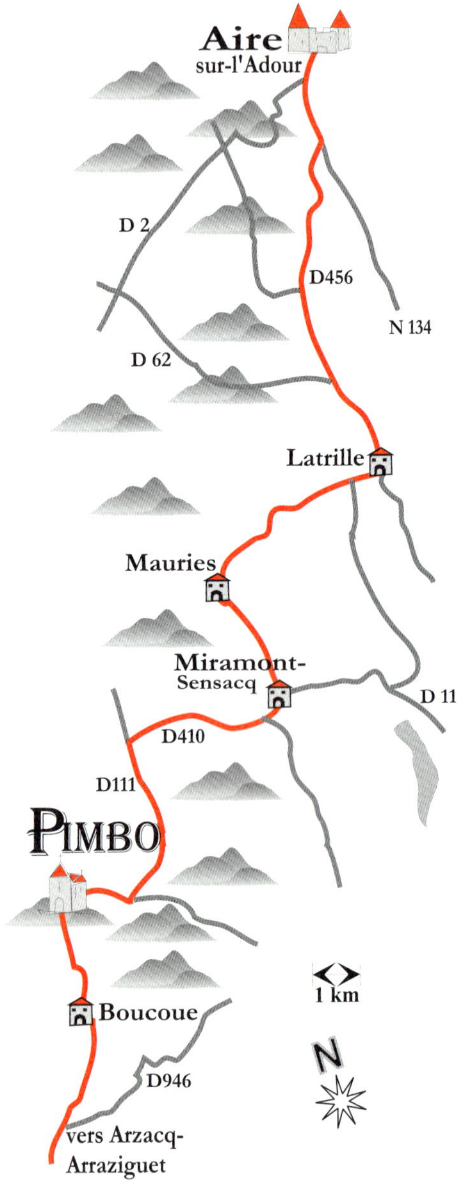

INFORMATION

Eglise Sensacq
romanische Kirche aus dem 11. Jh.; sie gehört zur Gemeinde

Miramont-Sensacq
Hotel, Restaurant

40320 Pimbo
Eine frühe Gründung Karls des Großen (778) Kirche aus dem 12. Jh., in schlechtem Zustand

Zwischen Pimbo und Boucoue, an einem Haus ein Schild:

Chemin St. Jacques de Compostelle 924 km
im Innenhof ein mit einer Jakobsmuschel geschmückter Brunnen

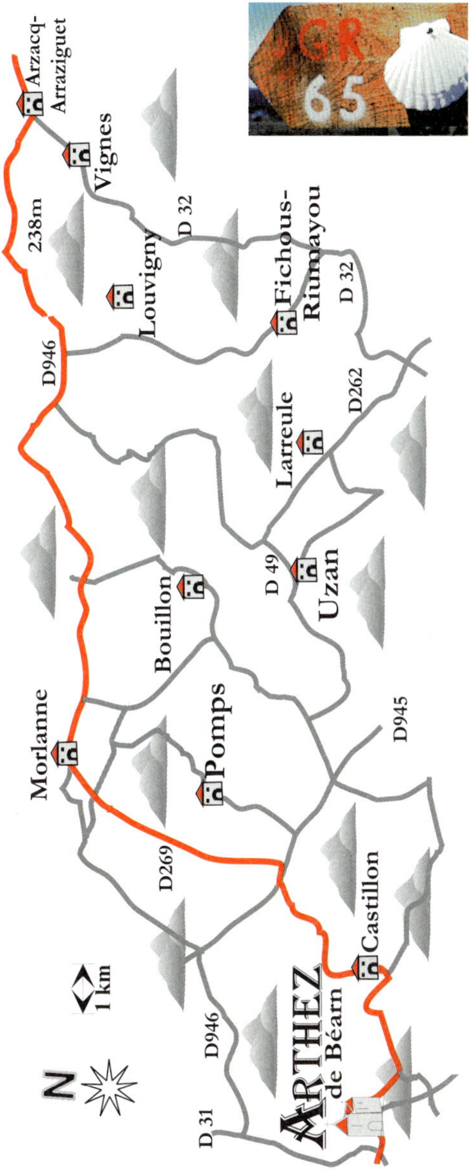

STRECKENTELEGRAMM

Von Arzacq-Arraziguet über die D 946 nach Morlanne. Im Ort zweigt links die D 269 ab; wir fahren an Pomps vorbei, überqueren die D 945 in Troubetot und bleiben auf der D 269 bis Arthez de Béarn. Wechselndes Gelände.

INFORMATION

64410 Arzacq-Arraziguet
Tourist Information
Gasthaus; Camping
Pomps
Unterkunft erfragen
64370 Morlanne
Ferme Auberge
Gites de France Manoir d'Argeles
64370 Arthez-de-Bearn
Tourist Information
Hotel, Restaurant

Bilder Seite 110-111:
gr. Bild: Pyrenäen-Panorama;
o.l. Orthez- Pont Vieux;
o.m. Saint-Jean-Pied-de-Port
o.r. Croix Gibraltar - Treffpunkt der drei Pilgerwege von Tours, Vèzeley und Le Puy; daneben alte baskische Grabsteine - vielleicht das frühe Ende einer Pilgerfahrt?

Halte sur
les Chemins
de St Jacques

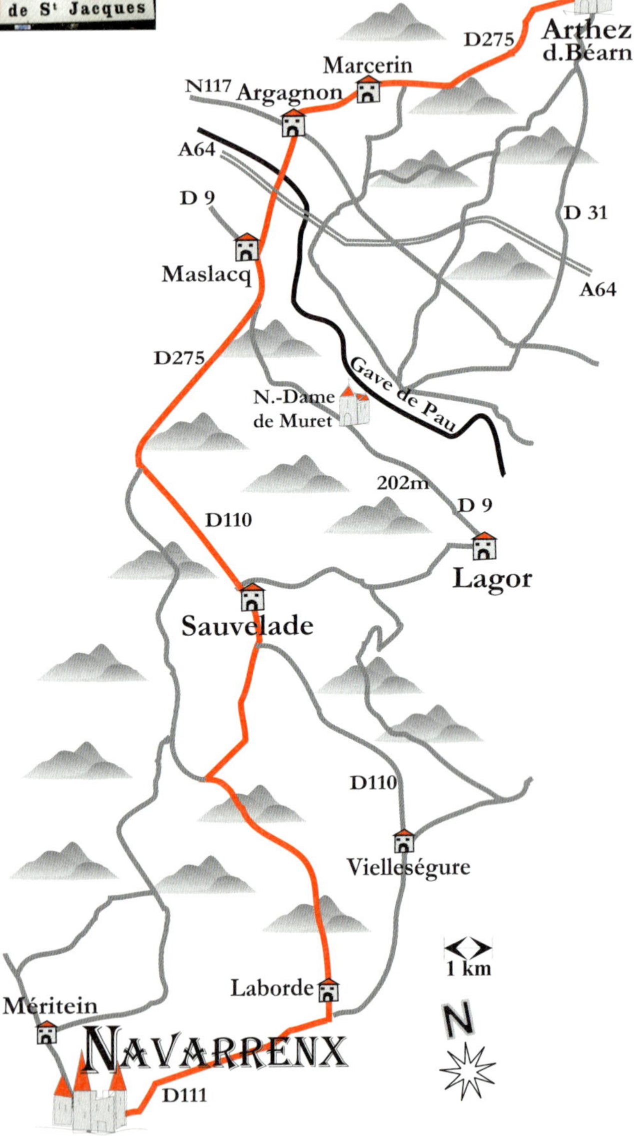
Arthez
d.Béarn
D275
Marcerin
N117
Argagnon
A64
D 9
Maslacq
D 31
A64
D275
N.-Dame
de Muret
Gave de Pau
202m
D 9
D110
Lagor
Sauvelade
D110
Vielleségure
1 km
Laborde
Méritein
N
Navarrenx
D111

STRECKENTELEGRAMM

Von Arthez de Béarn über Bourdalat nach Marcerin und Argagnon; auf dem Weg nach Maslacq überqueren wir zuerst die Gave de Pau und wenig später die Autobahn A 64. Auf der D 275 / D 110 Anstieg nach Sauvelade. Hier orientieren wir uns ein Stück weit am GR 65, bevor wir hinter Laborde auf die D 111 nach Navarrenx kommen.

Empfehlung: Abstecher nach Orthez, über die D 9 von Maslacq und Biron.

Orthez

Ehemalige Hauptstadt des Bearn, reizvoll auf dem rechten Ufer der Gave de Pau gelegen. Pont Vieux, Brücke mit Wehrturm aus dem 13. Jh. Orthez wird überragt von der Tour Moncade, einem Turm aus dem 14. Jh., Überrest der ehem. Stadtbefestigung, die unter Gaston VII. erbaut wurde. Hôtel de la Lune aus dem 14. Jh.; Eglise Saint-Pierre aus dem 13. und 14. Jh.; die Kirche ist Teil der alten Stadtbefestigung und wurde nach den Religionskriegen des 16. und 17. Jh. restauriert.

Im Baskenland

Obwohl die Basken schon immer in einer ausgesprochenen »Durchgangsgegend« lebten, haben sie bis heute ihre Sprache, ihre Traditionen und alten Gesetze bewahrt. Ihr Ursprung ist noch immer nicht zur Einhelligkeit der Wissenschaftler geklärt; nach Humboldt sollen sie letzte Nachkommen der »Iberer« sein, doch keine iberische Inschrift konnte mit Hilfe des Baskischen gedeutet werden. Das Baskische kennt nur eine Deklination, und sein Zahlensystem ruht auf der Dezimal- und Vigesimalordnung. Von der Tracht ist nur die Baskenmütze (la boina) geblieben; das Pelota - Spiel ist baskischer Volkssport. Die Basken pflegen die Gastlichkeit, und es lohnt, an einem Festessen teilzunehmen. Bei den baskischen Volksfesten haben sich die Gegentänze »jorradantza«, »amkil dantza« und »modorro« wie auch der Schwertertanz »espata dantzaris« erhalten; sie gehen auf religiöse Riten zurück. Dazu erklingen die alten Wiegenlieder, Liebeslieder und geheimnisvolle Klagegesänge.

INFORMATION

64300 Maslacq
Logis de France;
Gîte d'étape

Sauvelade
Gîte d'étape
Cistercienser-Abtei aus dem 12. Jh.

64190 Navarrenx
Tourist Information
Hotel, Restaurant, Camping
Ort mit Stadtbefestigung von 1540, später von Vauban ausgebaut. Am besten erhalten ist die Porte Saint Antoine bei der Brücke über die Gave d'Oloron im Nordwesten der Stadt

Die Zöllner in diesem Land, nahe des Cisapasses, in einem Ort namens Ostabat und in St-Jean und St-Michel-Pied-de-Port, sind schlecht und von Grund auf zu verdammen. Sie gehen nämlich den Pilgern mit zwei oder drei Stöcken entgegen, um sich gewaltsam einen Tribut zu erzwingen. Und wenn ein Reisender ihnen ihre Forderung verwehrt und kein Geld gibt, schlagen sie ihn, nehmen ihm unter Vorwürfen ihren Preis und durchsuchen ihn bis zur Hose. Sie sind unerschrocken, und das Land, das sie bewohnen, erscheint durch Wälder und Wildnis bedrohlich, ihr grimmiges Aussehen und ihre fremde Sprache erschrecken die Herzen derer, die sie sehen. Obwohl sie eigentlich nur von Leuten, die ausschließlich Handel treiben, einen Tribut verlangen dürfen, nehmen sie ebenso eine Abgabe von Pilgern und Durchreisenden.

STRECKENTELEGRAMM

Über die Gave d'Oloron nach Susmiou; D 115 über Nabas nach Aroue-Etcharry. Weiter auf der D 11 Richtg. St. Palais; bei Béhasque links abbiegen und hinunter zur D 933. Zum historischen Kreuzungspunkt der Jakobswege in „Gibraltar“ (Abb. Seite 111 o.l.) nach St. Palais; dort dem ausgeschilderten Weg folgen. Wechselndes Gelände.

INFORMATION

64120 Aroue
Aroue-Etcharry; Gîte d'étape
St-Palais
Hotel, Restaurant
Camping

Der „Chemin St. Jacques“ führt am Château de Mongaston, dem Schloß der Grafen des Bearn, vorbei. Donjon und Turm aus dem 13. und 14. Jh.; sehenswerte historische Ausstellung.

Am Wanderweg „Tour de Navarrenx“ liegt das Hôpital Saint-Blaise, ein ehemaliges Hospiz zur Aufnahme der Pilger nach Santiago de Compostela; Kirche aus dem 13. Jh im hispano-arabischen Mudéjarstil.

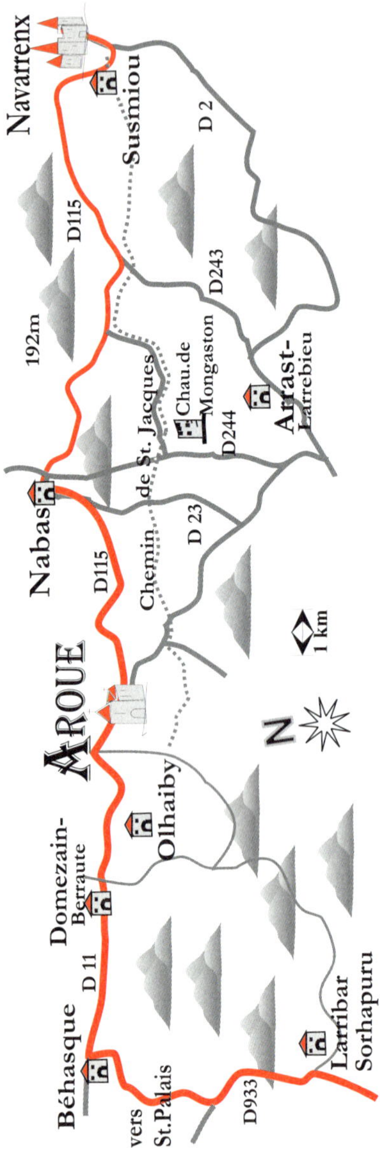

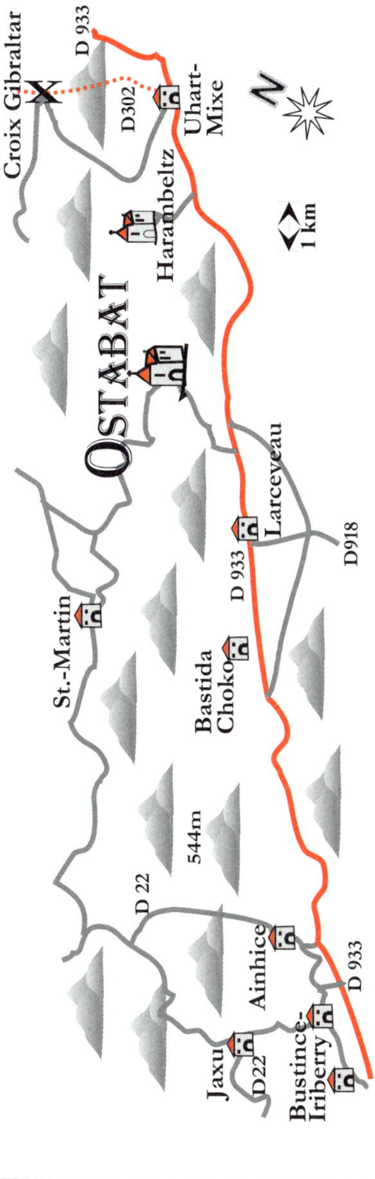

STRECKENTELEGRAMM

Auf der relativ stark befahrenen D 933 durch wechselndes Gelände nach St. Jean Pied de Port.

INFORMATION

Gibraltar
(steht für baskisch „Chibaltarem", lat. „Salvatorem"); Treffpunkt der drei franz. Jakobswege von Tours, Vézelay und Le Puy.

Harambeltz
Kapelle Saint-Nicolas aus dem 12. Jh.; niemand weiß, an wen die alten baskischen Grabsteine (Abb. Seite 111 o.r.) erinnern, vielleicht das frühe Ende einer Pilgerfahrt?

Ostabat
Der erste Ort nach der Vereinigung der genannten drei Pilgerwege hat nichts von seiner mittelalterlichen Bedeutung bewahrt.

StJEAN
Pied-de-Port
D933
St.-Jean
-le-Vieux
N
1 km
Caro
St.Michel
D301
D933
Valcarlos
de St. Jacques
Pic d'Orrisson
1064m
N 135
Chemin
Pic de
Leizaratheka
1409m
Espagne
Puerto de
Ibaneta
RONCESVALLES

INFORMATION

St. Jean-le-Vieux
Ferme Camping

64220 St. Jean-Pied-de-Port
Bahnstation; Office de Tourisme,
8, Pl. du Marché
Hotel, Restaurant
Pilgerherberge
Camping

Roncesvalles
Tourist Information
Pilgerherberge (52 Betten); Anmeldung am Klostereingang; hier erhalten Sie auch das Pilgerheft „Credencial del Peregrino"
2 Hostals

Ein Hinweis zum Wetter in der Bergregion:
Schnee bereits im Oktober und bis April keine Seltenheit; im Frühjahr häufig Nebel und Regen.

STRECKENTELEGRAMM

Wir bleiben auf der D 933 und fahren durch wechselndes Gelände Richtung span. Grenze, die wir bei Arneguy erreichen. Anstieg nach Valcarlos; bis zum Ibañeta-Pass (1057 m) liegen ca. 12 km steiler Aufstieg vor uns. - Hinunter nach Roncesvalles.
Der historische Pilgerweg, auch ***Route Napoléon*** *genannt, ist als Radweg nicht empfehlenswert, Fußwanderer benötigen ca. 6-8 Std. bis Roncesvalles; hier eine kurze Streckenbeschreibung.*
Der Chemin St. Jacques ist im unteren Bereich durch Asphaltstraßen ersetzt worden; hier und da sieht man noch den alten Wegverlauf. Nach Erreichen der Baumgrenze unterhalb des Pic d'Orisson der erste Panoramablick auf die Gipfel der Pyrenäen. Gelbe Pfeile machen auf eine Abzweigung aufmerksam und am Fuße des Leizarateca erreicht der Weg die spanisch-französische Grenze. Ein Waldweg führt zur gefassten Quelle von Izandorre. Es folgt ein erneuter Anstieg und vorbei am 1440 m hohen Lepoeder erreicht man den Weg zum Ibañeta-Paß.

St. Jean-Pied-de-Port

Befestigter Ort an der Nive, von einer Zitadelle überragt und im oberen Teil von einer Wehrmauer aus dem 15. Jh. umgeben. Den Mittelpunkt bildet die gotische Kirche Notre Dame aus dem 14. Jh.; im Innern schöne, hellrote Sandsteinsäulen. Die Rue de la Citadelle mit Häusern aus dem 16. und 17. Jh. führt hinauf zur Festung, 1668 errichtet und von Vauban modernisiert; herrlicher Blick über Saint-Jean-Pied-de-Port. Links von der Kirche geht es durch einen Torbogen über die Pont-Vieux, die alte Brücke über die Nive, zur Porte de Navarre, wo man die Stadtmauern aus dem 13. Jh. besteigen kann.

Roncesvalles

Nach dem Abstieg vom 1057 m hohen Ibañeta-Paß erreichen wir Roncesvalles, wo im Jahre 778 die Nachhut Kaiser Karls des Großen vernichtend geschlagen wurde. Der Sage nach soll der hünenhafte Roland den Gegner vom Überschreiten der Paßhöhe unter Verlust seines Lebens so lange abgehalten haben, bis die von seinem Horn Olifant herbeigerufenen Heere des Königs zu Hilfe eilten.
Im Ort der festungsartige Bau des Augustinerklosters mit einer 1194-1215 erbauten gotischen Kirche; abendlicher Pilgergottesdienst mit Segnung der Santiago-Pilger. Sehenswerte Schatzkammer mit vergoldeter Schnitzfigur „Maria mit dem Kind" aus dem 13. Jh., einem Reliquienschrein aus dem 11. Jh., sowie dem Schachspiel Karls des Großen; sogar die „Streitkeule Rolands" wird gezeigt. In der Capilla de Santo Espirito aus dem 12. Jh., dem ältesten Bau der Pilgerstation, das angebliche Grab Rolands in einer Felsennische.

Rad-Fernwanderweg nach Santiago de Compostela — *Übersicht IVa*

Karte		Seite
61	Pamplona	120
62	Estella	122
63	Sto. Domingo	124
64	Burgos	126
65	Castrojeriz	128
66	Carrión	130

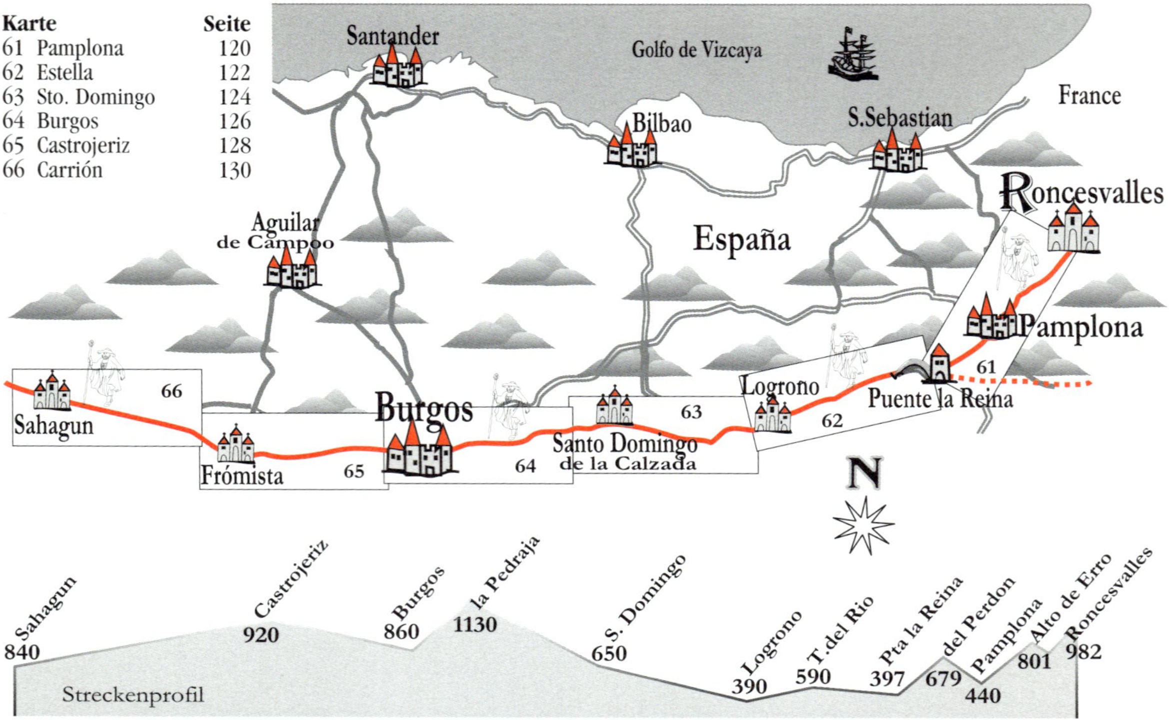

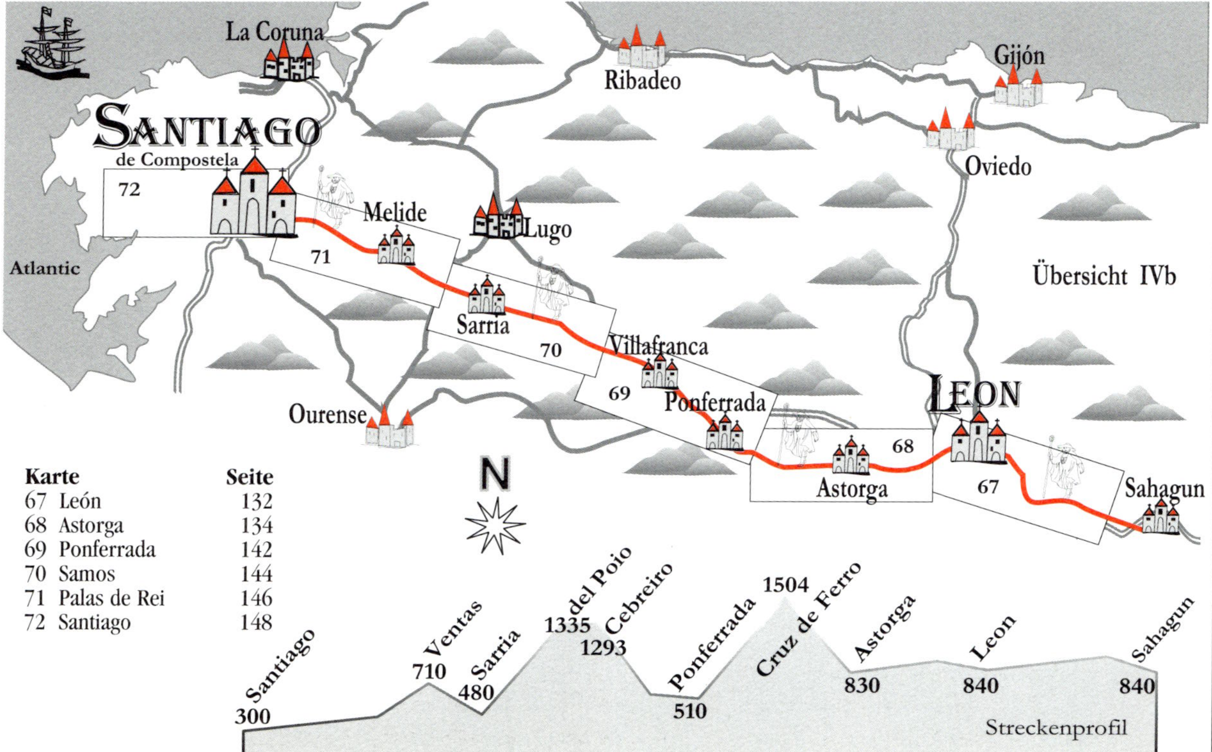

Karte		Seite
67	León	132
68	Astorga	134
69	Ponferrada	142
70	Samos	144
71	Palas de Rei	146
72	Santiago	148

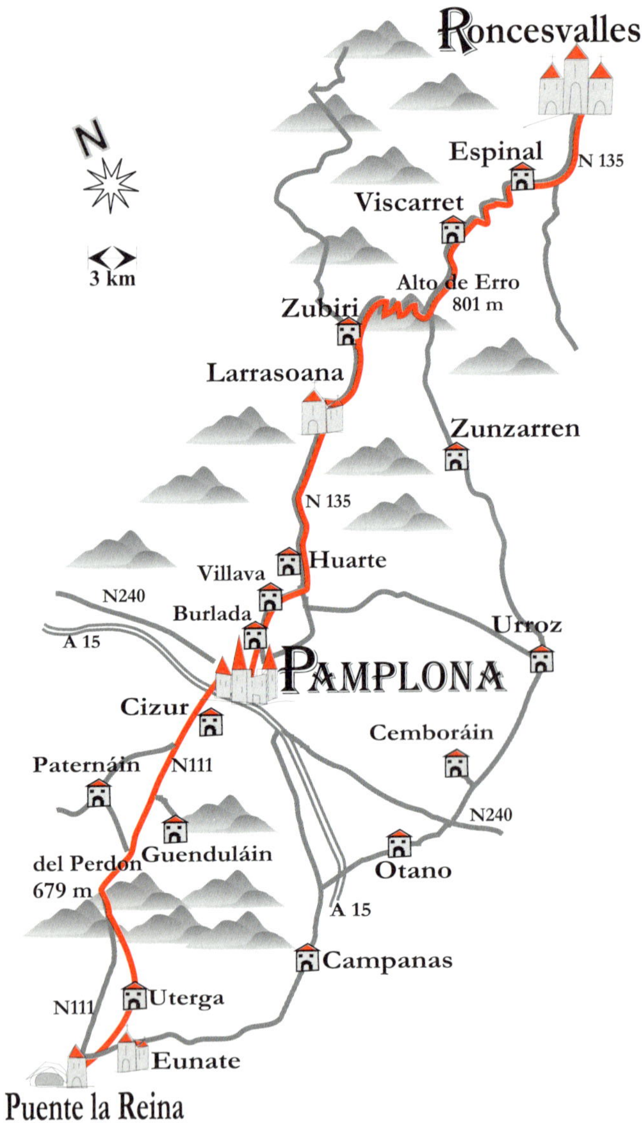
Roncesvalles
N
3 km
Espinal
N 135
Viscarret
Alto de Erro
801 m
Zubiri
Larrasoana
Zunzarren
N 135
Huarte
Villava
N240
Burlada
A 15
Urroz
Pamplona
Cizur
Cemboráin
Paternáin
N111
N240
Guenduláin
del Perdon
679 m
Otano
A 15
Campanas
N111
Uterga
Eunate
Puente la Reina

INFORMATION

Das Telefonsystem in Spanien:

innerhalb der Provinz	
Vorwahl ohne	9
Beispiel Navarra	48
in eine andere Provinz	
Vorwahl mit	9
Beispiel Leon	987

Anrufe von Spanien nach

D	0749-
A	0743-
CH	0741-

Notrufe/SOS:

Polizei/Unfall	091
Feuerwehr	080

Burguete
3 Hostals

Espinal
Camping, 5 Casa rural

Zubiri
Refugio (16 Betten)

Larrasoaña
Refugio (20 Betten)

Villava
Refugio (26 Betten)

Pamplona
Tourist Information
Bahnanschluß; Flughafen
Refugio (20 Betten)
14 Hotels; 8 Hostals
Camping

Cizur Menor
Refugio (15 Betten)

Obanos
1 Casa rural

Puenta la Reina
Tourist Information
Refugio/Schlafsaal
(73 Betten); 2 Hotels
Camping in Mendigorria

STRECKENTELEGRAMM

Nach kurzer Wegstrecke auf der N 135 sehen Sie links ein verwittertes Pilgerkreuz; es gilt als das älteste des Camino. Hinunter nach Burguete mit schönen alten Baskenhäusern und Espinal; Aufstieg zum Alto de Mezkiritz (922 m) und wieder hinunter, zuerst nach Viscarret (hier steht ein Schild: Santiago de Compostela 787 km) und dann nach Erro. Erneuter Anstieg zum Alto de Erro (801 m) und Abfahrt über Zubiri nach Larrasoaña und Huarte. Rechts ab und über Villava nach Burlada; dort dem Pilgerweg folgen und über eine schmale Allee zur Arga-Brücke Puenta Magdalena. Nach Überqueren der Autostraßen den Weg unterhalb der Stadtbefestigung nehmen und durch das Doppeltor Francia gerade aus ins Zentrum: nach ca. 200 m liegt links die Kathedrale, weitere 100 m rechts geht's zur Casa Consistoriale.

Wir verlassen Pamplona in Richtung Universität, erst auf dem Boulevard Pius XII., später Richtg. Logroño; die stark befahrene N 111 steigt an zum Alto Perdon (679 m); hinter der Passhöhe die Abzweigung nach Uterga / Muruzábal beachten. Über Obanos hinunter nach Puente la Reina. Empfehlung: Nach Eunate entweder in Muruzabal links ab (erst Asphalt, dann Schotter) oder beim Erreichen der Landstraße NA 6010 vor Obanos ein kurzes Stück nach links.

Pamplona

baskisch Iruna; Hauptstadt des ehemaligen Königreichs Navarra. Die Geschichtsforschung leitet ihren Namen vom römischen General Pompeius (75 v.Chr.) ab, der sie gegründet haben soll. Im 15. Jh. wurde sie zu der stark befestigten Stadt, wie sie zum Teil noch erhalten ist, mit malerischen mittelalterlichen Gassen und hohen Mauern und Zitadellen, die heute von der Jugend als beliebte Treffpunkte genutzt werden.

Eunate

Templerkirche Nuestra Senora Eunate aus dem 12. Jh., in der die einen eine Kopie der Omarmoschee in Jerusalem, die andern eine templer'sche Variation der Grabeskirche sehen (Abb. S. 137 u.). Nun trifft als letzter der vier Pilgerwege aus Frankreich die *Via Tolosana* von Arles und Toulouse über den Somport-Paß auf den Camino: „Von hier an sei der Weg eins..."

Puenta la Reina

Der Ort erhielt seine Bedeutung durch die Jakobspilger, für deren Übergang über den Rio Arga im 11. Jh. die berühmte „Puente de los Peregrinos" gebaut wurde. Von 1142 bis zum 14. Jh. kümmerten sich die Templer um die Pilgerscharen und bauten die Kirche Santa Maria de las Huertas samt dazugehörendem Pilgerhospital. Pilgerkirche Santiago el Mayor mit einer romanischen Fassade aus dem 12. Jh.; Häuser an der Calle Major mit wunderschönen alten Portalen.

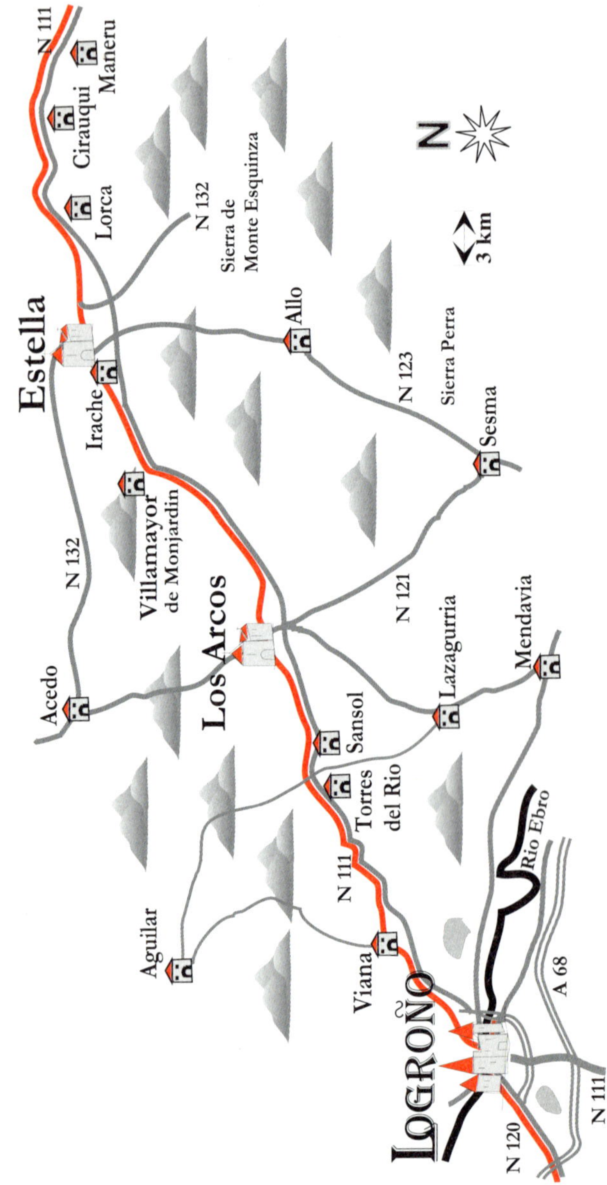

Logroño
Viana
Aguilar
N 111
Torres del Rio
Sansol
Los Arcos
Acedo
N 132
Villamayor de Monjardin
Irache
Estella
Lorca
Cirauqui
Maneru
N 111
N 132
Sierra de Monte Esquinza
Allo
N 123
Sierra Perra
Sesma
N 121
Lazagurria
Mendavia
Rio Ebro
A 68
N 111
N 120
N
3 km

INFORMATION

Estella
Tourist Information
Refugio (40 Betten);
3 Hotels; 2 Hostals
Camping Lizarra

Los Arcos
Tourist Information
Refugio (70 Betten)
2 Hotels

Viana
Tourist Information
Refugio (40 Betten);
1 Casa rural
Plaza de los Fueros und Kirche Santa Maria

Logroño
Tourist Information
Refugio (68 Betten);
10 Hotels; 4 Hostals;
Camping

Thema einkaufen:
Achten Sie am Vormittag auf Brotverkaufswagen, die in manchen Gegenden die einzige Versorgungsmöglichkeit darstellen.

Bei einem Lorca genannten Ort fließt der sogenannte „Salzbach". Hüte dich, weder deine Lippen zu benetzen noch dein Pferd dort zu tränken, denn der Fluß ist todbringend...
...wir sahen an seinem Ufer zwei Navarreser, die dort saßen und ihre Messer wetzten. Sie pflegten die Pferde der Pilger abzuhäuten, die nach dem Tränken verendet waren..

STRECKENTELEGRAMM

Noch einmal einen Blick auf die wunderbaren Bögen der Brücke und weiter geht es, zuerst den Arga flußabwärts; die N 111 steigt an und führt vorbei an Maneru, Cirauqui (Kirche San Roman auf steilem Hügel mit mozarabischem Portal; hinter dem Ort der gepflasterte Pilgerweg, mit einer kleinen Brücke Reste der antiken Römerstraße) und Lorca; nach Estella rechts ab und hinunter in den Ort. - Beim Kreisverkehr folgen wir dem Schild nach Ayegui und etwas später sind wir in Irache; dort gibt es am „Fuente del Vino" als kostenlose Erfrischung Wasser - und Wein!

Wieder auf der N 111, liegt rechts Villamayor, vor der Kulisse des Monjardin, Burg San Estebans aus dem 10. Jh. Vor Los Arcos biegen wir rechts ab und fahren durch den Ort Richtg. Logroño, durch hügeliges Gelände. In Torres del Rio steht die berühmte romanische Templerkirche Santo Sepulcro mit deutlich erkennbarem maurischen Einfluß.

Bei der Abfahrt Logroño Norte hinunter ins Ebrotal und über die Brücke; dahinter gleich rechts, den Fluss entlang und im Kreisverkehr Richtg. Burgos. Wenn in nächster Zeit die Stadtautobahn fertig gestellt ist, wird sich die Situation in Logroño entscheidend verändern. Orientieren Sie sich einfach an der N 120 bzw. den Hinweisen auf den Pilgerweg.

Estella

Schöne mittelalterliche Stadt auf römischen Fundamenten, in einer Schleife des Rio Ega gelegen; im 11. Jh. von den Franken besiedelt, wurde der Ort von den Jakobspilgern gerühmt. Über die Pilgerbrücke zur Kirche San Miguel (12. Jh.), romanisches Glanzstück Spaniens. Etwas weiter unter Felsen San Pedro de la Rua mit einem leider nur teilweise erhaltenen, wunderschönen Kreuzgang.
Bevor Estella zu seiner Bedeutung gelangte, zogen die Pilger eine kurze Wegstrecke weiter Richtung Westen nach Irache, einem der ältesten Benediktinerklöster mit Hospital am Camino, und „Monumento Nacional". Die Abtei ist aufgelöst, doch die berühmten Bodegas haben ihre Tradition, die Pilger kostenlos mit Wasser und Wein zu erfrischen, beibehalten.

Logroño

Provinzhauptstadt und Zentrum der Rioja; hinter der Ebrobrücke Puente de Piedra, 1183 von Ortega erbaut, beginnt sofort die Altstadt, deren Ursprünge in der bereits aus kelt-iberischer Zeit bekundeten Siedlung Cantabria liegen. Das älteste Gebäude der Stadt dürfte, nachdem El Cid Logroño 1092 total zerstört hat, die Kirche Santa Maria del Palacio sein.

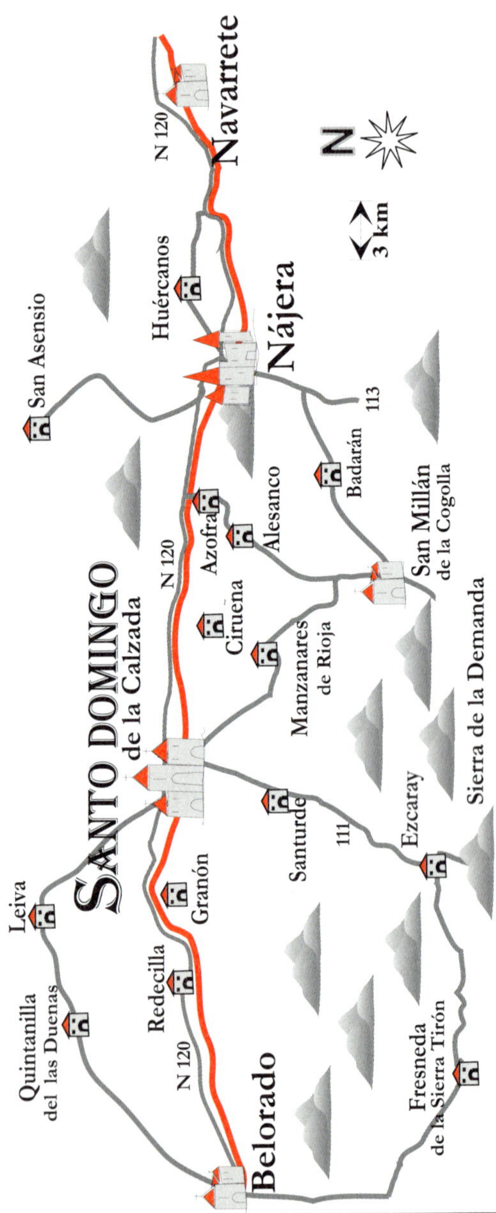
Navarrete
N 120
N
3 km
Huércanos
Nájera
San Asensio
113
Badarán
Alesanco
Azofra
San Millán
de la Cogolla
N 120
SANTO DOMINGO
de la Calzada
Cirueña
Manzanares
de Rioja
Sierra de la Demanda
Ezcaray
111
Santurde
Granón
Leiva
Redecilla
Quintanilla
del las Duenas
N 120
Belorado
Fresneda
de la Sierra Tirón

STRECKENTELEGRAMM

Wer sich manchmal gewundert hat, wie Radfahrer in Frankreich munter auf den Nationalstraßen unterwegs sind, der kommt nun selbst in den seltenen Genuss, auf dem Standstreifen einer 4-spurigen, ja sogar 6-spurigen Autostraße zu radeln. - Der Camino bedient sich eines Schotterwegs den Stausee entlang - dies wäre die einzige Alternative zur Fahrt auf der N 120 bis zum Abzweig nach Navarrete. - Durch den Ort und wieder auf den Standstreifen der Nationalstraße. Hinter Santo Domingo bieten sich Schotterwege links neben der Fahrbahn an; so kommen Sie über Redecilla nach Belorado.

Nájera

Die alte Stadt Nájera (arabisch für Felsennest) war nach der Vertreibung der Mauren Navarras Metropole, bevor es 1076 zu Kastilien kam; ein für die Jakobspilger wichtiger Ort an der Brücke über den Rio Najerilla. Doch bevor es soweit war, musste erst einmal harte Arbeit, sprich Kriegshandwerk, geleistet werden (siehe Information).

Die Klöster und Hospitäler wurden später von König Alphonso VI. allesamt dem Orden aus Cluny übergeben. Besonders hervorzuheben ist Santa María la Real; neben der gotischen Kirche aus dem 15. Jh. liegt der „Kreuzgang der Ritter“, mit wunderbarem, spätgotischen Masswerk aus rotem Stein.

Santo Domingo de la Calzada

Eines der ersten „Rasthäuser“ am Camino; 1044 baute der Eremit Dominikus, ein wahrer Menschenfreund, für die Jakobspilger eine Brücke über den Oja und errichtete wenig später eine Herberge und ein Hospital. Nach seinem Tod im Jahre 1100 ereignete sich so manches Wunder. Was hat beispielsweise ein Hühnerstall im Querschiff einer Kathedrale zu suchen? Zeitgenössische Schriften erzählen von einem jungen Pilger (in Begleitung seiner Eltern), der den Verlockungen der *Filia Hospitalis* widersteht, worauf diese auf Rache sinnt. Sie beschuldigt ihn des Diebstahls eines silbernen Bechers, den sie ihm kurz zuvor in seinen Ranzen geschmuggelt hat. Er wird ergriffen, verurteilt und kurzerhand aufgehängt. Seine Eltern wollen schon die Pilgerreise fortsetzen, als sie sein Rufen hören, und welch Wunder, ihn lebend am Galgen finden. Sie melden es dem Richter, der sich soeben anschickt, gebratenes Geflügel zu verspeisen, doch dieser will die Sache nicht recht glauben. Ihr Sohn, sagt er, sei so tot wie die Hühner auf seinem Mittagstisch. Kaum ausgesprochen, rühren sich die Vögel und fliegen aus dem Fenster.

INFORMATION

Navarrete
Refugio (40 Betten)
1 Hotel; Camping

Der Pilgerweg führt am Poyo Roldan vorbei; hier fand im Jahre 778 der siegreiche Kampf Rolands gegen Ferragut, den maurischen Herrscher von Nájera, statt. Und 844 waren es „einheimische" Asturier, die einen entscheidenden Sieg über die Mauren bei Clavijo (ca. 10 km südl. von Logroño) errangen, diesmal mit Unterstützung des „auf einem weißen Pferd reitenden Santiago Matamoros" (d.h. Jakobus Maurentöter).

Nájera
Tourist Information
Refugio (60 Betten)
1 Hotel; 3 Hostals
Camping El Ruedo

Azofra
Refugio (16 Betten)

Santo Domingo de la Calzada
Tourist Information
Refugio (140 Betten)
2 Hotels; 4 Hostals;
Camping

Grañón
Refugio (25 Betten)
Albergue de Juventud (40 Zimmer), mit Restaurant;

Redecilla
Refugio (20 Betten)

Belorado
Tourist Information
Refugio (22 Betten)

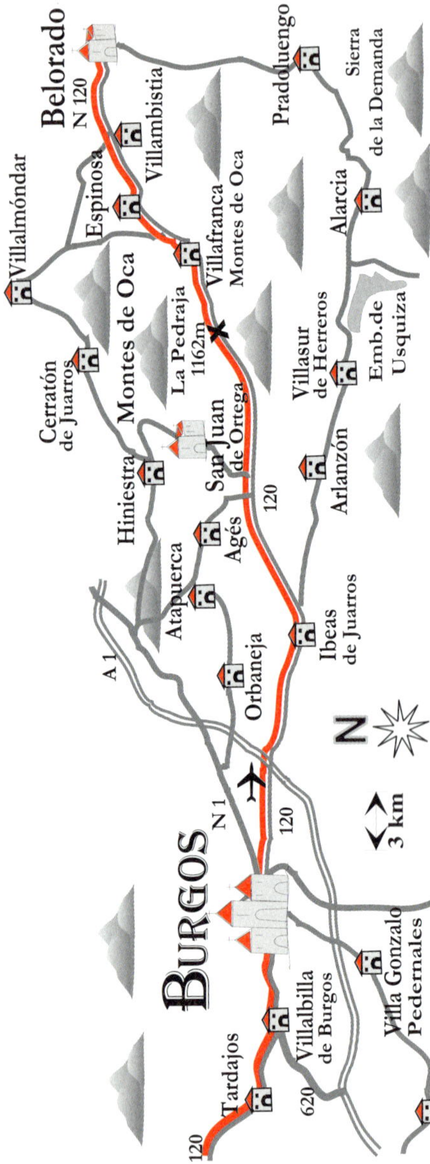

Belorado
N 120
Villambistia
Pradoluengo
Sierra
de la Demanda
Villalmóndar
Espinosa
Villafranca
Montes de Oca
Alarcia
Montes de Oca
La Pedraja
1162m
Cerratón
de Juarros
Villasur
de Herreros
Emb. de
Usquiza
San Juan
de Ortega
Hiniestra
Arlanzón
120
Agés
Atapuerca
A 1
Ibeas
de Juarros
Orbaneja
N
N 1
120
3 km
BURGOS
N 1
Villa Gonzalo
Pedernales
Villalbilla
de Burgos
Tardajos
620
Cayuela
120

INFORMATION

Villafranca Montes de Oca; Refugio (30 Betten) 1 Hostal

Die „fränkische Siedlung" wird im Codex Calixtinus als Pilgerhospiz genannt. Von hier führte der Weg in die berüchtigten Berge von Oca, im Mittelalter wegen ihrer Unwegsamkeit von allerei lichtscheuem Gesindel bevölkert, und die Pilger waren froh, als sie San Juan de Ortega erreichten.

San Juan de Ortega Refugio (60 Betten); hier gibt's die berühmte Knoblauchsuppe (sopa de ajo)

Burgos
Tourist Information, Pl. Alonso Martinez 7
Bahnanschluß;
Refugio (96 Betten)
17 Hotels; 17 Hostals; Jugendherberge; Camping

Villabilla Refugio (8 Betten); 1 Hostal

Tardajos
Refugio (8 Betten)

Antonio Machado y Ruiz besingt die rauhe Landschaft Altkastiliens, mit Hitze im Sommer und eisiger Kälte im Winter: „Welliges Land, und die Straßen verbergen bald die Reitenden, die auf braunen Eselchen sitzen, bald wieder tauchen sie auf im rötlichen Abend. Bauerngestalten - Flecken im Gold der Sonnenneige".

STRECKENTELEGRAMM

Durch wechselndes Gelände über Villafranca, dann steiler Anstieg zum Puerto de la Pedraja (1130 m) und hinunter zur Kapelle Valdefuentes, verläuft der Pilgerweg mehr (dem Standstreifen) oder weniger nahe (auf Schotterwegen) entlang der N 120. Das ist auch unser Los und erst ab der Abzweigung nach San Juan de Ortega findet sich ein gut ausgebauter Kiesweg links oder rechts neben der Straße, bis an den Stadtrand von Burgos. Folgen Sie nun konsequent den Schildern Richtg. Leon; entlang dem Stadtgarten kommen Sie zum Stadttor Arco Santa Maria, dahinter die Türme der Kathedrale. - Wir verlassen Burgos auf der N 120 Richtg. Leon (es gibt sogar einen Radweg bis zur Stadtgrenze) und wiederum mit wechselseitigem Schotterweg-Angebot kommen wir nach Tardajos.

Burgos

(span. für Burgtürme) wurde 884 als Grenzfeste gegen die Mauren gebaut. Im Jahre 1037 wählten die kastilischen Könige die Stadt als Herrschersitz, rund 400 Jahre war sie die Hauptstadt Kastiliens. Burgos ist ein schöner alter Ort mit engen Straßen und Plätzen rings um die Kathedrale, eine der größten gotischen Kirchen Spaniens, deren Türme das Stadtbild beherrschen. 1221 wurde der Grundstein gelegt, doch fertig war sie erst 300 Jahre später. Neben der wunderbaren Fassade beeindrucken vor allem die „Goldene Treppe", die Kapelle des Konnetabels und die Puerta Alta de la Coronería. Von den mittelalterlichen Wehranlagen sind fünf Tore und Türme erhalten, so San Esteban aus dem 13. Jh. und der Arco de Santa Maria mit den Statuen von Kaiser Karl V. und El Cid. Apropos: besonders stolz ist Burgos auf seinen Sohn Rodrigo Diaz de Vivat, bekannt unter dem Namen El Cid, dessen Heldentaten im 11. Jh. beim Kampf gegen die Mauren im „Cantar del Mio Cid" festgehalten sind. Er erhielt einen Ehrenplatz im Coro der Kathedrale. Burgos war für die Jakobuspilger einer der wichtigsten Orte am Camino, mit mehr als 30 Herbergen und Hospitälern; übrig geblieben ist allein das Hospital del Rey im Westen der Stadt, am Ortsausgang Richtung Villalbilla.

Darnach ritt wir durch das schendlichst gebirg, da man weder leut und vich sach, noch wasser fand, nichts anders dann kal berg, die nit holtz trugen, und kamen in der haubstätt eine in Hispanien, heißt Burges. Die burger theten meinem herrn gar gross eer in der selben stat und schenkten meinem herrn kostlichen wein und confekt und machten meinen herrn mitten in der stat auf dem markt ein gejeid mit wilden ochsen.

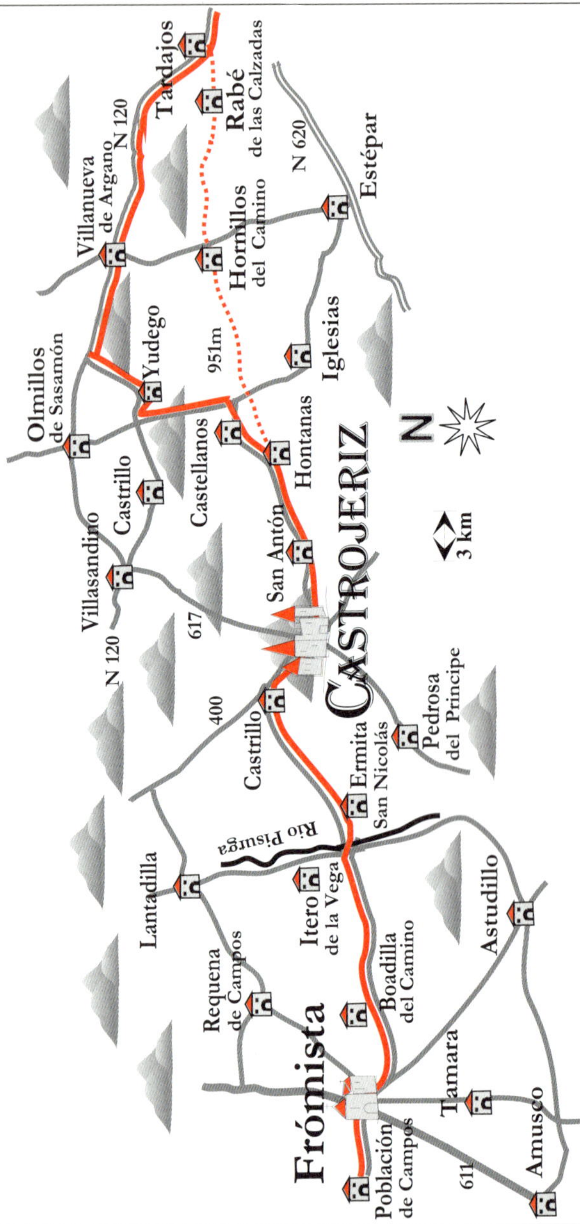

Frómista
Castrojeriz
N
3 km
Población de Campos
Requena de Campos
Boadilla del Camino
Tamara
Amusco
611
Lantadilla
Itero de la Vega
Astudillo
Río Pisuerga
Ermita San Nicolás
Castrillo
400
Pedrosa del Príncipe
N 120
617
Villasandino
Castrillo
San Antón
Hontanas
Castellanos
Olmillos de Sasamón
Yudego
951m
Iglesias
Villanueva de Argano
Hornillos del Camino
Estépar
N 620
Rabé de las Calzadas
Tardajos
N 120

INFORMATION

Hornillos
Refugio (32 Betten)
Hontanas
Refugio (18 Betten)
Castrojeriz
Refugio (120 Betten)
3 Hostals; Camping
Ermita San Nicolás
Refugio (12 Betten)

Der Rio Pisuerga und ein schöner Meilenstein bezeichnen die Landesgrenze von Kastilien und Palencia. Die ursprünglich romanische Brücke wurde zur Zeit Alphons VI (12. h.) gebaut und diente insbesondere den Jakobspilgern. Hiervon zeugen die Pilgerhospize sowohl in Ermita San Nicolás (renoviert) als auch in Itero de la Vega.

Itero de la Vega
Refugio (12 Betten)
Boadilla del Camino
Refugio (10 Betten)
Die mit Jakobsmuscheln verzierte „gotische Gerichtssäule" nahe der Kirche ist ein mittelalterlicher Pranger.

Frómista
Tourist Information
Refugio (55 Betten)
1 Hotel; 3 Hostals
Población de Campo
Refugio (9 Betten)

STRECKENTELEGRAMM

In Tardajos biegt der Pilgerweg ab nach Rabé de las Calzadas und verläuft ein Stück weit auf der Trasse der antiken Römerstraße von Legio (León) nach Caesar Augusta (Salduba/Saragossa). Danach geht es auf den „Campo de Pan" und es sind Feldwege, über die der Camino führt - wenig geeignet für Radfahrer. - Deshalb bleiben wir auf der N 120 und fahren durch wechselndes Gelände (meist in Sichtweite der Autobahnbaustellen) über Villanueva bis zur Abzweigung nach Yudego. Weiter nach Villandiego; durch den Ort, dann links und nach einem leichten Anstieg über eine fast ebene Landstraße durch endlose Felder bis zur Abzweigung nach Castellanos. Wir kommen in das Tal von Hontanas, wo noch ein Pilgerhospiz (Mesón de los Franceses) erhalten ist, und durch einen Torbogen der Ruine des Klosters San Anton aus dem 14. Jh. erreichen wir Castrojeriz. - Am westl. Ortsende folgen wir dem Caminoschild Richtg. Melgar, bis nach ca. 3 km links die Landstraße nach Frómista abzweigt. Bei der Ermita San Nicolás überqueren wir auf der alten Brücke den Rio Pisurga und holpern auf immer schlechter werdenden Straßen an Boadilla vorbei nach Frómista. - Über die P 980 nach Población.

Castrojeriz

Schon von weitem sieht man die Ruinen des *Castrum Sigerici*, einer gotischen Gründung aus dem Jahr 760, auf dem schwarzen Tafelberg; Kirche Nuestra Señora del Manzano (nationales Denkmal), 1214 im romanisch-gotischen Stil gegründet und im 18. Jh. umgebaut; im Innern die berühmte Madonnenstatue aus dem 13. Jh. „Santa Maria d'Almacan".

Von der Stadt Burgos geht es über Tardajos, Hornillos, Castrogeriz, die Brücke von Itero (del Castillo), Fromista, und über Carrión de los Condes, eine geschäftige und blühende Stadt, die an Brot, Wein, Fleisch und anderen Lebensmitteln reich ist, bis nach Sahagún, das ebenfalls durch Fruchtbarkeit hervorsticht. Auf einer dort gelegenen Wiese sollen sich einstmals - wie berichtet wird - die glänzenden Lanzen der siegreichen Kämpfer, die zur Ehre Gottes aufgestellt wurden, belaubt haben....

Frómista

Aus einer keltischen Siedlung entwickelte sich unter den Westgoten eine blühende Stadt, die von den Mauren im 8. Jh. zerstört wurde. San Martín in Frómista ist eine der ältesten romanischen Kirchen Spaniens. Die wunderbare dreischiffige Basilika stammt aus dem 11. Jh. und war Teil eines Benediktinerklosters, das von Doña Mayor, der Frau Sanchos des Großen, im Jahre 1066 gegründet wurde.

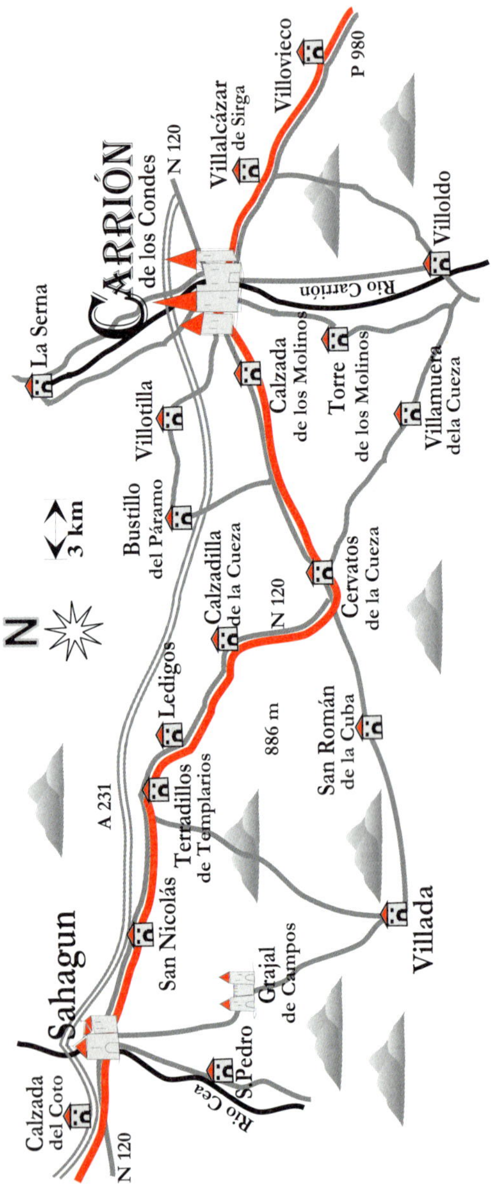
CARRIÓN
de los Condes
Sahagun
N
3 km
La Serna
N 120
Villalcázar
de Sirga
Villovieco
P 980
Villoldo
Río Carrión
Villotilla
Calzada
de los Molinos
Torre
de los Molinos
Villamuera
dela Cueza
Bustillo
del Páramo
Calzadilla
de la Cueza
N 120
Cervatos
de la Cueza
Ledigos
886 m
San Román
de la Cuba
Terradillos
de Templarios
A 231
San Nicolás
Villada
Grajal
de Campos
S. Pedro
Río Cea
Calzada
del Coto
N 120

INFORMATION

Villalcázar de Sirga
Refugio (21 Betten);
2 Hostals

Eine zum Schutz des Pilgerwegs vom Templerorden angelegte Siedlung mit der romanischen Kirche Santa Maria aus dem 12. Jh., ursprünglich als Grabkirche gebaut (daher auch die Vielzahl der Grabplatten im Querschiff). Statue der sitzenden „Virgen Blanca“; die Jungfrau von Villasirga (wie Villalcázar volkstümlich genannt wird) vollbrachte ihre Wunder vornehmlich an Pilgern, die ohne Sühne aus Santiago zurückkehrten!

Carrión de los Condes
Tourist Information
Refugio (90 Betten)
1 Hotel; 4 Hostals;
Camping

Calzadilla
Refugio (70 Betten)
1 Hostal

Ledigos
Refugio (30 Betten)

Terradillos
Refugio (25 Betten)

Sahagún
Office de Tourisme
Refugio (64 Betten)
6 Hostals; Camping

Calzada del Coto
Refugio (36 Betten)

STRECKENTELEGRAMM

Über die Meseta nach Villovieco und Villalcázar de Sirga; wir erreichen Carrión und bleiben auf dem Pilgerweg, am Kloster San Zoilo vorbei und am Kreisverkehr gerade aus auf die N 120 Richtg. Sahagún.
Und hier erleben Sie ein Wunder - Sie fahren auf einer so gut wie leeren Landstraße, denn seit der Eröffnung der A 231 hat sich der gesamte Verkehr dorthin verlagert. In Sahagún folgen wir wieder dem Pilgerweg und radeln durch den Torbogen neben der Kirche San Facundo; dann rechts Richtg. Leon über die Cea-Brücke.
Bleiben Sie nun auf der Spur des Pilgerwegs auf der linken Seite der N 120 und achten Sie darauf, nicht die Abzweigung nach Calcada zu nehmen, sondern fahren Sie nach ca. 100 m rechts auf den geschotterten Pilgerweg entlang der Autobahn.

Carrión de los Condes

Santa Maria del Camino mit schönem, figuren-geschmückten Portal und die Santiago-Kirche mit einem wunderbaren, romanischen Skulpturenfries zeugen von der großen Bedeutung der Stadt für die Pilger; für sie bauten die Mönche aus Cluny am Rio Carrión das Kloster San Zoilo mit seinem sehenswerten Kreuzgang.

Sahagún

Das *Itinerarium Antonini* des 4. Jh. verzeichnet für diesen Platz die römischen Siedlungen *Biminatium* und *Camala*; der Campus am westlichen Ufer des Cea war Schauplatz der berühmten Schlacht der Heere Karls des Großen gegen die Mauren Agiolandos im Jahre 778. Ab dem 9. Jh. ist eine Abtei bekundet, die um 1068 mit Hilfe von Cluny zur Residenz Alphons VI. wurde.
Die Kirchen San Lorenzo (nördl. der Plaza Mayor) und San Tirso (am Pilgerweg) sind schöne Beispiele für den Mudéjarstil des 13. Jh.; San Facundo ist teilweise restauriert worden.

..am Cea, wo auf Geheiß Karls des Großen die sehr große und ausgezeichnete Basilika der Märtyrer Facundo und Primitivo errichtet wurde... Einige Christen rammten ihre Lanzen aufrecht in den Boden... bei Anbruch des nächsten Tages sahen jene, die während der unmittelbar bevorstehenden Schlacht für ihren Gottesglauben die Auszeichnung des Märtyrertods empfangen sollten, daß ihre Lanzen Rinde und dichtes Gezweig trugen....

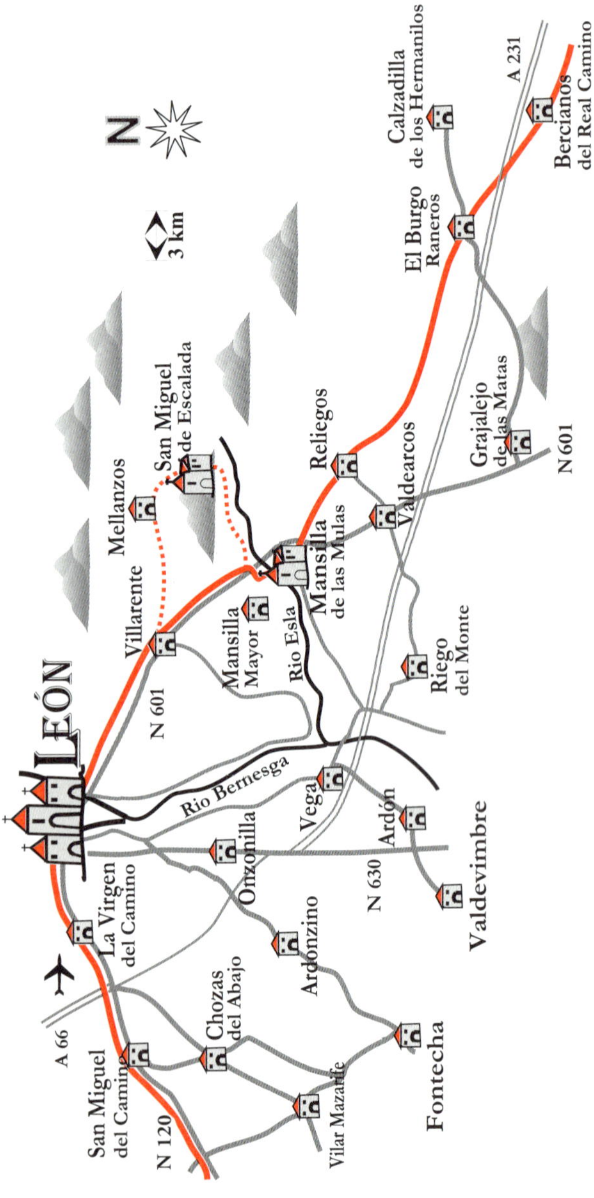
N
3 km
LEÓN
Villarente
Mellanzos
San Miguel de Escalada
Mansilla Mayor
Mansilla de las Mulas
Rio Esla
Reliegos
Valdearcos
El Burgo Raneros
Calzadilla de los Hermanilos
Bercianos del Real Camino
A 231
Grajalejo de las Matas
N 601
N 601
Riego del Monte
Rio Bernesga
Vega
Ardón
Valdevimbre
N 630
Onzonilla
Ardonzino
La Virgen del Camino
A 66
Chozas del Abajo
Fontecha
Vilar Mazarife
San Miguel del Camino
N 120

INFORMATION

Bercianos del Real Camino
Refugio (30 Betten);
1 Hostal

El Burgo Raneros
Refugio (26 Betten)

Reliegos
Refugio (44 Betten)
einer der ältesten Orte am Camino

Mansilla de las Mulas
Refugio (45 Betten);
2 Hostals; Camping

Als Erholung von der langen Fahrt durch die eintönige Landschaft (und weil der Verkehr auf der N 601 zunimmt), entschließen wir uns zu einem Ausflug in Richtung Valle de Mansilla, den Rio Esla entlang. Hinter den Hügeln taucht zuerst der Turm des Klosters San Miguel de Escalada aus dem 10. Jh. auf, und dann stehen wir vor der schönsten mozarabischen Säulenhalle Spaniens. - Über Mellanzos auf der LE 213 nach Villarente; weiter s.o.

León
Tourist Information
Plaza de Regla 4
Bahnanschluß

Refugien:
Albergue municipal,
Albergue Carbajalas
8 Hotels; 20 Hostals
Camping

STRECKENTELEGRAMM

Vor El Burgo Ranero quert der Pilgerweg die Autobahn; weiter auf dem endlosen Weg durch's „Ohnebaumland" über Reliegos nach Mansilla. Die mittelalterliche Stadtbefestigung, zu der auch das Stadttor „Arco de la Concepción" (hier kommen wir den Ort) gehört, ist in Teilen noch erhalten. Hinter der Brücke über den Rio Esla liegen rechts auf einem Hügel die Reste von Lancia, einer Siedlung der keltischen Asturer aus dem 2. Jh. vor Chr.
Für die Fahrt nach León bieten sich entweder der Standstreifen der N 601 oder der parallel verlaufende Pilgerweg an. Am Stadtrand orientieren wir uns am Hinweis zur „Centro Ciudad", radeln durch lebhaften Stadtverkehr, bis ein Schild „San Isidoro" auftaucht, dem wir folgen. Rechts von der ältesten Kirche Léons achten wir auf die im Straßenbelag eingelassenen Jakobsmuscheln, die zur Kathedrale führen. - Beim Verlassen der Stadt folgen wir dem Pilgerweg, am Hostal San Marco vorbei nach Trobajo, und weiter auf der N 120 in Richtg. Astorga, bis San Miguel eine Horrorstrecke nicht nur wegen des Verkehrs, sondern auch wegen der vielen Baustellen; danach mal links mal rechts auf Asphalt oder Schotter.

León

Die Stadt am Rio Bernesga wurde um 60 n.Chr. als römisches Kastell gegründet, León's Wappentier ist ein Erbstück der *Legio Septima Gemina*. Die Westgoten machten sie zur Hauptstadt von Asturien; 988 eroberten die Mauren die Stadt, verwüsteten sie und Alphons V. baute sie wieder auf. Unter Ferdinand I. wurde im Jahre 1063 die romanische Basilika Colegiata de San Isidoro als letzte Ruhestätte für den wundertätigen Bischof von Sevilla geweiht. Meister Esteban, der Künstler von Santiago, schuf die wunderbaren Portale del Cordero und del Perdón. Im „Pantheón Real" ruhen unter einem mit Fresken übermalten Gewölbehimmel neben Ferdinand (er vereinigte die Königreiche León und Kastilien und trug als erster den Titel „König der Spanier") zweiundzwanzig weitere Monarchen.

Als schönste Kirche Spaniens gilt die Kathedrale Santa Maria de la Regla, Ende des 12. Jh. begonnen und im 13. Jh. vollendet. Schlanke, himmelwärts strebende Säulen tragen die gotische Wölbung; wunderbare Rosettenfenster (Abb.S.138 o.m.) an beiden Enden des Kirchenschiffs und unzählige Buntglasfenster lassen den Innenraum in vielfarbigem Licht erstrahlen. Das Kloster de San Marcos (heute Parador-Hotel) wurde im 12. Jahrhundert ausdrücklich zur kostenlosen (!) Beherbergung von Pilgern gebaut. So darf es nicht verwundern, daß León wegen seiner Gastfreundschaft für die Jakobspilger des Mittelalters ein beliebter Ort war.

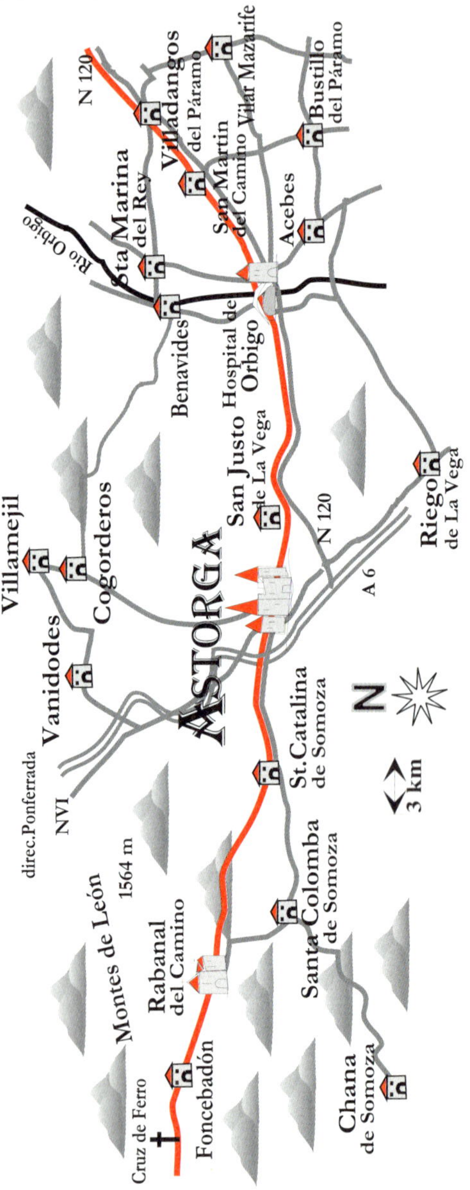
Cruz de Ferro
Foncebadón
Montes de León
1564 m
Rabanal del Camino
direc.Ponferrada
NVI
Santa Colomba de Somoza
Chana de Somoza
St.Catalina de Somoza
3 km
N
Vanidodes
ASTORGA
Villamejil
Cogorderos
San Justo de La Vega
N 120
A 6
Riego de La Vega
Benavides
Hospital de Orbigo
Río Orbigo
Sta Marina del Rey
Acebes
San Martin del Camino
Villadangos del Páramo
Vilar Mazarife
Bustillo del Páramo
N 120

INFORMATION

Villaldangos del Páramo
Refugio (48 Betten);
1 Hotel; 2 Hostals;
Camping
Die Pfarrkirche ist Santiago Matamoros geweiht, Jakobus dem Maurentöter

Hospital de Órbigo
Refugio (90 Betten)
1 Hotel; 2 Hostals; Camping
Vor dem Ort die berühmte Brücke Passo Honroso, im Sommer 1434 Schauplatz eines bemerkenswerten Waffengangs: einem Ritter und seinen Knappen soll es gelungen sein, sie gegen eine Übermacht 30 Tage lang zu halten, und dabei einige Hundert Lanzen zu brechen. Als Grund für dieses „Turnier", das mit einer Wallfahrt aller Beteiligten nach Santiago endete, nennt der Chronist eine Liebesaffaire.

Astorga
Tourist Information
Bahnstation
Refugio (36 Betten)
3 Hotels; 6 Hostals

Murias de Rechivaldo
Refugio (18 Betten)

Santa Catalina de Somoza; Refugio (38 B.)

El Ganso
Refugio (16 Betten)

Rabanal del Camino
Refugio (61 Betten)
Albergue Saint James
(30 Betten); 1 Hostal
2 Casa rural

STRECKENTELEGRAMM

Der Camino Real durch die fruchtbare Ebene von Villaldangos del Páramo entfernt sich nur selten von der N 120, und uns bleibt nichts anderes übrig, als ihm zu folgen. In Puente de Órbigo rechts ab und über die lange Brücke Passo Honroso nach Hospital de Órbigo. Durch den Ort und wieder haben wir die Wahl zwischen Standspur oder Schotterpiste, mal links mal rechts im ansteigenden Gelände. Vor San Justo biegen wir rechts ab nach Astorga.
Wir bleiben auf dem Pilgerweg Richtg. Murias und dann geht es bergauf in die Montes de León, über Rabanal und Foncebadón; vom dortigen Pilgerhospiz steht nur noch ein Torbogen. Zwischen Foncebadón und Manjarin erhebt sich auf der Passhöhe (1504 m) ein in Jahrhunderten gewachsener Steinhaufen mit dem Cruz de Ferro. Die Leute sagen, die Tradition, einen Stein als „Symbol der Last des Lebens" auf den Hügel zu werfen, sei genau so alt wie der Camino.

Astorga

Asturica Augusta war bereits in römischer Zeit ein wichtiger Straßenknotenpunkt in Asturien. Plinius spricht von der Stadt als *Urbs magnifica* und - wie die mächtigen alten Stadtmauern zeigen - mit der Benutzung der alten Römerstraßen durch die Jakobspilger wuchs ihre Bedeutung noch.
Die Kathedrale Santa Maria wurde ab dem 15. Jh. so oft umgebaut, daß von der alten Pilgerkirche nichts erhalten blieb. Wunderbares Chorgestühl und sehenswertes Retabel des Altars von Gaspar Becerra (1562); Kapelle mit ausdrucksstarker, romanischer Muttergottes mit dem Kind und in der Sakristei ein kostbarer Reliquienschrein von 890. Palacio Episcopal des Katalanen Gaudí, das „Museo de los Caminos". Am Casa Consistorial auf der Plaza Mayor das Wahrzeichen der Stadt: zwei Maragatos (Figuren in Pluderhosen) schlagen die Zeit an; Maragatos nahmen schon an der Schlacht bei Clavijo teil.

Hinter Mansilla und León, Königs- und Hofstadt, die reichhaltige Kostbarkeiten aufweist, geht es über Orbigo, die Stadt Astorga, Rabanal, das den Beinamen „Der Gefangene" trägt, den Irago-Paß, Molinaseca, Ponferrada, Cacabelos, Villafranca an der Mündung des Valcarce, das „Sarazenenlager", Villa Us, den Cebreropaß und das Hospiz auf dem Gipfel dieses Berges, sowie über Linares de Rey nach Triacastela, am Fuß dieses Berges in Galicien. Dort empfangen die Pilger einen Stein und nehmen ihn bis Castañola mit, damit Kalk für den Bau der apostolischen Basilika gemacht werden kann....

Historie der Wallfahrt nach Santiago de Compostela

Bereits im 7. und 8. Jh. ist in Spanien, Frankreich und auf den Britischen Inseln ein Jakobuskult nachgewiesen. Man nimmt an, daß es der asturische Mönch Beatus von Liebana war, der als erster Jakobus den Älteren in persönliche Beziehung zu Spanien setzte. Unter Alfons II. (791-842) wird der Heilige zum erstenmal als Landespatron bezeichnet. Historisch gesichert ist, daß der Apostel im Jahre 44 in Jerusalem den Märtyrertod erlitt und dort begraben wurde. Ferner gibt es Hinweise, wonach sein Grab in Jerusalem besucht und verehrt wurde. Aus byzantinischen Schriften wissen wir, daß den Aposteln bestimmte Gebiete als Wirkungsstätte ihrer Missionstätigkeit zugewiesen wurden; die Legende berichtet, der Apostel sei vor seinem Tode zwei Jahre in Spanien gewesen. Es könnte möglich sein, daß Kaiser Justinian die Gebeine später den Mönchen des Katharinenklosters schenkte. Ob und wann aber eine Überführung nach Spanien stattfand, ist bis heute ungeklärt. Auch neuere Ausgrabungen unter der Jakobuskirche haben in diesem Punkt bislang noch keine Klarheit schaffen können.

Die ersten schriftlichen Nachrichten über Santiagopilger stammen merkwürdigerweise von einem arabischen Reisenden mit dem Namen Ibn Dihay; er berichtet, im Jahre 844 seien normannische Pilger in Santiago gewesen. 850 werden Friesen erwähnt. Der Pilgerstrom nimmt im 11. und 12. Jh. unvorstellbare Ausmaße an; wir wissen von zahlreichen Rittern, Bischöfen und Fürsten, die die Fahrt unternahmen und da auch eine große Zahl Arme dieses Ziel wählte, bestand die Bezeichnung »Wallfahrt des kleinen Mannes« zweifellos zu Recht. Die politische Bedeutung der Pilgerzüge bestand darin, daß sie die christliche Bastion in Nordspanien verstärkten; der fortwährende Pilgerstrom schuf eine Barriere, die man noch mehr stärkte, indem man den »Franken« günstige Ansiedlungsmöglichkeiten bot (eine ganze Reihe von Orten heißt heute noch »Villafranca«). Ferner wurde der Orden der Santiagoritter gegründet, dessen Aufgabe es war, die Grenze gegen die Mauren mit Waffengewalt zu verteidigen. Der Pilgerbewegung ist es mit zu verdanken, daß Europa nicht von den Mauren erobert wurde, standen die islamischen Truppen doch 732 im Herzen Frankreichs, bis sie bei Tours und Poitiers von Karl Martell besiegt wurden.

An den Pilgerstraßen entstanden Kirchen, Klöster und Hospitäler. Die Kirchen wurden, besonders im 11. Jh., mit Reliquien ausgestattet, und es galt als lobenswert, wenn der Pilger alle diese Stätten aufsuchte. In einigen Kirchen zeigte man die Gräber der Missionare, die Frankreich christianisiert hatten, in anderen wiederum waren es wundertätige Marienbilder und Kruzifixe. Die Wallfahrt hatte für den mittelalterlichen Menschen und seinem Wunsch nach unmittelbarem Teilhaben an den Geschehnissen, von denen die Bibel berichtet, und seinem Wunderglauben einen viel konkreteren Hintergrund als für den modernen Wallfahrer. Es gab die Bitt-, die Dank- und die Sühnewallfahrt, die auch von kirchlichen und weltlichen Gerichten verhängt werden konnten. Eine besonders strenge Form stellte die sogenannte »Nacktwallfahrt« dar. Um die Reise anzutreten, brauchte man die Genehmigung der weltlichen und geistlichen Obrigkeit. Die Wallfahrt dauerte etwa ein Jahr und größere Gruppen wurden von berufsmäßigen Führern begleitet. Als Zeichen, daß man Santiago de Compostela erreicht hatte, kaufte man dort eine Pilgermuschel, um sie am Hut oder am Brotbeutel zu befestigen. → weiter S. 141

In den Klöstern und Hospitälern fanden die Pilger Unterkunft und Verpflegung; dabei war die Dauer des Aufenthaltes für Gesunde genau festgelegt. Während die Aufnahme für Arme unentgeltlich war, erwartete man, daß sich die Reichen durch Gaben erkenntlich zeigten. Die Stiftungen waren bald so groß, daß vielerorts prunkvolle Kirchenneubauten entstanden, von denen sich ein großer Teil bis in unsere Zeit erhalten hat. Mit den Pilgern zogen auch die Bauhandwerker von Kloster zu Kloster; in einigen Fällen können wir ihren Weg mittels ihrer Signaturen verfolgen, meistens sind wir allerdings auf die Methode der kunsthistorischen Stilkritik angewiesen.

Aber auch bestimmte Lieder und Legenden wurden von den Pilgern weitergetragen, vor allem die Sage von Roland, der im Kampf gegen die Sarazenen (in Wirklichkeit waren es wohl die Basken) den Tod fand. Die Legende verschmilzt die Jakobus- und die Rolandsage: in der *Vita Caroli*, dem sogenannten »Pseudo-Turpin« (das vierte Buch des *Codex Calixtinus*), die möglicherweise anläßlich der Heiligsprechung Karls des Großen 1165 geschrieben wurde, tritt der Kaiser als erster die Wallfahrt nach Santiago an. Auf dem Aachener Karlsschrein und im *Codex Calixtinus*, der in der Bibliothek in Santiago aufbewahrt wird, ist dargestellt, wie er dem Stern folgt, der ihn zum Grabe des Apostels führt.

Vom Monte do Gozo aus, dem »Hügel der Freude«, erblickten die Pilger zum ersten Male die drei Türme der Jakobuskirche von Santiago. Derjenige, der sie zuerst sah, erhielt den Namen »Pilgerkönig«, den er auf seine Kinder vererben durfte. Viele französische und spanische Familiennamen, die auf »Roi«, »Roy«, »Rey« lauten, haben hier ihren Ursprung. Die Bedeutung der Santiago-Pilgerbewegung wurde und wird von wissenschaftlicher und kirchlicher Seite gewürdigt und erlebt dadurch in unserem heutigen historischen Bewußtsein eine Renaissance. Man begreift, daß hier zum erstenmal und in einer überwältigenden Form eine »Europäische Gemeinschaft« entstanden ist.

Seite 137 gr.Bild: Burgos; Kathedrale
Seite 137 u.: Eunate, Templerkirche Nuestra Señora

Seite 138/139
gr. Bild: Blick über die kastilische Hochebene
o.l.: Frómista; San Martín
Mitte: León, Kathedrale Santa Maria de la Regla
o.r:. Astorga, Kathedrale Santa Maria

Seite 140 u.: O Cebreiro; strohgedeckte Rundhäuser
Seite 140 o.: Alto San Roque

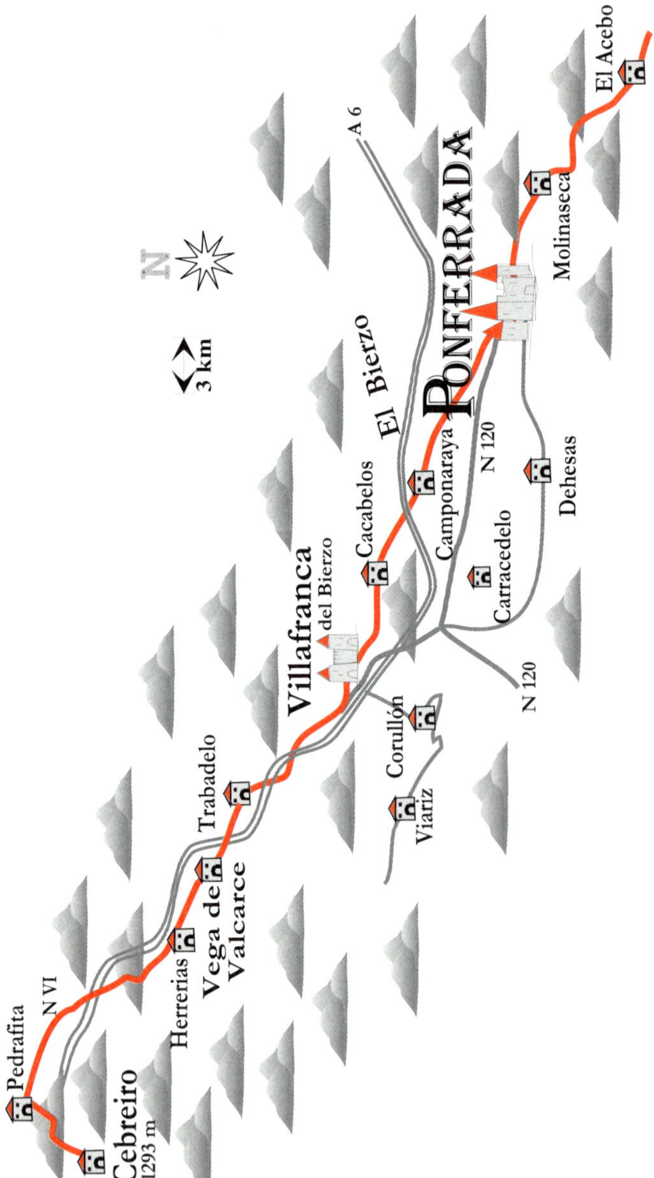
Cebreiro
1293 m
Pedrafita
N VI
Herrerias
Vega de
Valcarce
Trabadelo
Villafranca
del Bierzo
Corullón
Viariz
Cacabelos
El Bierzo
Camponaraya
Carracedelo
N 120
Dehesas
PONFERRADA
Molinaseca
El Acebo
A 6
3 km
N

INFORMATION

Molinaseca
Refugio (30 Betten)
1 Hostal

Ponferrada
Tourist Information
Bahnstation
Refugio (90 Betten)
5 Hotels; 8 Hostals

Cacabelos
Refugio (100 Betten)
2 Hostals

Villafranca del Bierzo
Tourist Information
Refugio (220 Betten)
2 Hotels; 4 Hostals

Pereje
Refugio (24 Betten)

Vega del Valcarce
Refugio (55 Betten)
1 Hostal

Cebreiro
Refugio (80 Betten)
1 Hotel; 2 Hostals
1 Casa rural

Schnee bis in den Mai möglich!

STRECKENTELEGRAMM

Durch rauhe Gebirgslandschaft kommen wir nach El Acebo und Riego de Ambrós; Abraumhalden zeugen vom Kohlebergbau der Region. Der alte Pilgerweg folgte der Römerstraße, an Riego vorbei zur Brücke von Malpaso (die Römer sollen sogar noch Gold im Rio Sil gefunden haben). Über die Puente de los Peregrinos kommen wir nach Molinaseca und weiter nach Ponferrada.
Am westl. Stadtrand auf die alte N VI, mit einem zusätzlichen Hinweis „Galicia" ausgeschildert. Ab Quatrovilutos immer gerade aus nach Camponaraya; unter der Autobahn durch nach Cacabelos und weiter durch die Weinberge nach Villafranca del Bierzo. - Von der Plaza Major an der Stiftskirche vorbei Richtg. Valcarce; die Straße folgt im Bogen dem Flußlauf und stößt hinter dem Tunnel auf die N VI. Dem Caminoschild folgen ins Tal des Rio Valcárce bis Vega und Herrerias. Und dann beginnt der lange Aufstieg zum Pto. de Pedrafita (1099 m), auf der fast leeren Nationalstraße und immer in Sichtweite zur neuen Autobahn. Auf der Passhöhe zweigt links die LU 651 nach O Cebreiro ab; weiterer Anstieg bis zum Ort auf 1293 m.

Ponferrada

das römische *Interamnium Flavium*, im 10. Jh. eine kleine Siedlung um die mozarabische Kapelle Santo Tomás de las Ollas. Erst im 12. Jh. bauten die Templer eine Burg und befestigten die Stadt mit Mauern, Toren und Türmen. Das Pilgerhospiz de la Reina aus dem 15. Jh. ließ Isabella von Spanien errichten.

Villafranca del Bierzo

Vor der Stadt, die ihre Bedeutung für die Wallfahrt im wesentlichen von Cluny erhielt, lag die Jakobuskirche, durch deren „Heilige Pforte" jeder Pilger schritt. Dadurch erhielten seit Mitte des 15. Jh. die Jakobspilger, die nicht mehr weiter konnten, die gleiche Absolution wie in Santiago de Compostela. Wahrzeichen der Stadt sind die stattliche Burg der Markgrafen von Villafranca mit runden Wehrtürmen aus dem 16. Jh. sowie die Stiftskirche Santa Maria de Cluniaco.

Dies sind die Namen der Straßenbauer, die zur Zeit Kaiser Alfons von Spanien und Galicien und des Papstes Calixt den Jakobsweg von Rabanal bis zur Miño-Brücke aus Liebe zu Gott und seinem Apostel instandsetzten... Es geschah vor dem Jahr 1120 unter der Regierung des König Alfons von Aragonien und Ludwigs des Dicken von Frankreich...

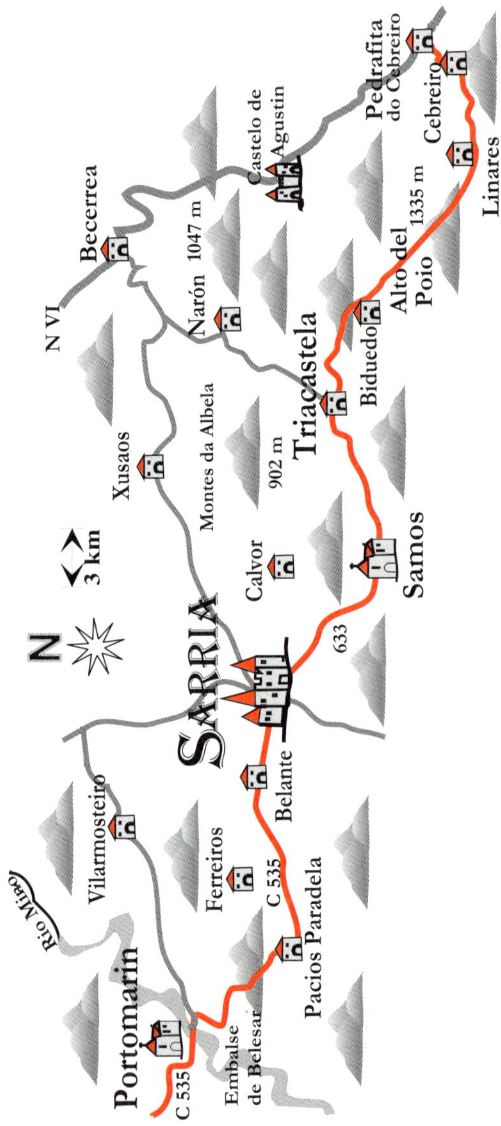
Portomarín
C 535
Embalse
de Belesar
Rio Miño
Vilarmosteiro
Ferreiros
C 535
Pacios Paradela
Belante
SARRIA
N
3 km
633
Calvor
Samos
Xusaos
Montes da Albela
902 m
Triacastela
N VI
Narón
1047 m
Becerrea
Biduedo
Alto del
Poio
1335 m
Castelo de
Agustín
Pedrafita
do Cebreiro
Cebreiro
Linares

INFORMATION

Hospital da Condesa
Refugio (18 Betten)

Triacastela
Refugio (56 Betten)
1 Hostal

Samos
Refugio (44 Betten)
1 Hotel; 1 Hostal
1 Casa rural
Eine der ältesten Klostergründungen (6. Jh.) und Mto.-Nacional Spaniens; einige Gebäude des Klosters wurden 1951 bei einem Brand in Mitleidenschaft gezogen, so auch die Bibliothek, die viele Pilgerberichte des Mittelalters verwahrt.

Sarria
Refugio (40 Betten)
2 Hotels; 4 Hostals
Über der Altstadt die Burg, von der noch ein Teil der Befestigungsanlagen zu sehen ist; Iglesia San Salvador (13. Jh.) und Convento de la Merced.

Portomarin
Tourist Information
Refugio (90 Betten)
2 Hotels; 3 Hostals
Die alte Templersiedlung ist im Stausee verschwunden; ein beachtlicher Teil der mittelalterlichen Bauwerke wurde jedoch am neuen Standort wieder aufgebaut, so auch die Wehrkirche San Juan (12. Jh.) samt mächtigem Turm.

STRECKENTELEGRAMM

Wir verlassen Cebreiro auf der Landstraße und kommen im weiter ansteigenden Gelände über Liñares auf die Paßstraße 634 zum Alto san Roque, mit beeindruckender Pilgerstatue (Titelbild und S. 140 o.). Nach kurzer Abfahrt erneuter Anstieg zum Alto del Poio (1335 m); bei Biduedo (kleine Kirche mit steinernem Dach) beginnt die Abfahrt hinunter nach Filloval und Triacastela. Weiter auf der Landstraße kommen wir über Renche ins Tal, zum Benediktinerkloster Samos. - Leicher Anstieg auf der 633 nach Sarria; im Ort wechseln wir auf die C 535 und nach kurzem Anstieg nach Pacios geht es hinunter zum Miño-Stausee nach Portomarin. Hinter der Brücke folgen wir dem Schild Richtg. Ventas de Narón.

Cebreiro

Die gestrige Etappe hat viel Kraft gekostet; eine Rast in der Pilgerherberge ist angesagt, mit Besichtigung der strohgedeckten Rundbauten (keltisch Pallozas, Abb. S. 140 u.), in denen ein kleines Museum eingerichtet ist. Gutes Essen und bei Bedarf Aufwärmen am Kamin gibt es in der Hospederia.
Daneben die Kirche Santa Maria aus dem 9. Jh.; sie hat Cebreiro weithin bekannt gemacht durch das dort vollzogene Wunder der wirklichen Verwandlung von Wein und Hostie, dem „heiligen Gral von Galicien". Im rechten Seitenschiff die faszinierende „Santa Maria la Real" (Bild r.)

Ein anderer geht ihnen nach Barbadelo oder Triacastela entgegen und wenn er Pilger trifft, grüßt er und redet schlau: „Wenn ihr eine gute Herberge in Santiago haben wollt, quartiert euch in meinem Haus ein. Sagt meiner Frau und meiner Familie, sie mögen euch mir zuliebe gut versorgen. Ich werde euch ein Merkmal verraten, das ihr ihnen zeigen sollt." Mit diesen Worten gibt er ihnen ein Zeichen und schickt sie zu seinem Haus. Nachdem jene zu dessen Haus gekommen sind, sich einquartiert haben und ihnen die Frau dieses Wirtes das erste Gericht gebracht hat, verkauft sie Wachs im Wert von vier Münzen zu einem Preis von acht oder zehn. So werden die Jakobspilger von den Wirten betrogen....

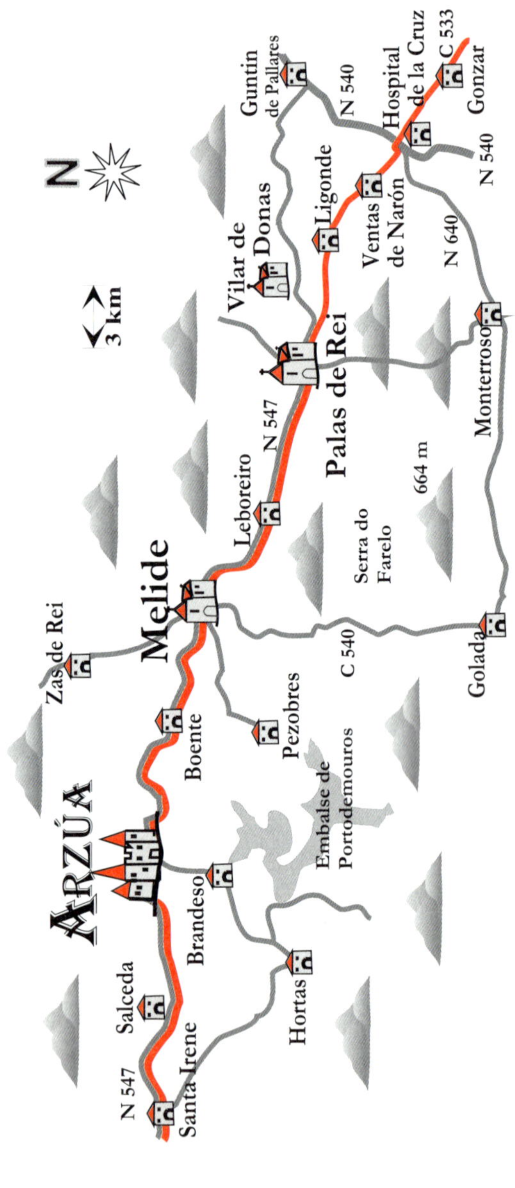
N
3 km
ARZÚA
Santa Irene
N 547
Salceda
Hortas
Brandeso
Boente
Zas de Rei
Pezobres
Embalse de Portodemouros
Melide
C 540
Golada
Leboreiro
Serra do Farelo
664 m
N 547
Palas de Rei
Monterroso
Vilar de Donas
N 640
Ligonde
Ventas de Narón
Guntin de Pallares
N 540
Hospital de la Cruz
N 540
C 533
Gonzar

INFORMATION

Gonzar
Refugio (20 Betten)
Ventas de Narón
Refugio (22 Betten)
Ligonde
Refugio (18 Betten)
Palas de Rei
Refugio (50 Betten)
2 Casa rural
Mato-Casanova
Refugio (20 Betten)
Leboreiro
Refugio (30 Betten)
Melide
Tourist Information
Refugio (130 Betten)
2 Hotels; 6 Hostals

Hinter Boente liegt der Ort Castañeda, wo aus den mitgeschleppten Steinen der Pilger Kalk für die Kathedrale in Santiago gebrannt wurde.

Ribadiso
Refugio (62 Betten)
Arzúa
Tourist Information
Refugio (60 Betten)
2 Hotels; 3 Hostals
1 Casa rural; Camping
Santa Irene
Refugio (36 Betten)

STRECKENTELEGRAMM

Nach kurzem Anstieg auf die mit Santiago de Compostela ausgeschilderte Landstraße C 535 hinauf nach Gonzar und hinter Hospital, an der Kreuzung der N 540, folgen wir nicht dem Camino-Schild, sondern fahren gerade aus über die Straßenbrücke zur N 640 - und nach ca. 100 m wieder rechts in die schmale Straße nach Ventas de Narón, auf den leicht ansteigenden Pilgerweg nach Ligonde und Palas de Rei. Unterwegs sehen wir einen Wegweiser auf die abseits der Route liegende wunderbare romanische Kirche Vilar de Donas aus dem 12. Jh., die mit ihren kostbaren Portalen, Kapitellen und gotischen Wandmalereien zum Baudenkmal erklärt wurden. Sie ist zur Zeit (Sommer 2002) eingerüstet und wird renoviert.
Es fällt auf, daß das galicische Verkehrsamt die Radwanderer in besonderer Weise schätzt, denn seit einigen Kilometern begleitet uns vermehrt ein Schild mit einem symbolischen Radpilger (Xacobeo, siehe l.u.), der den Weg auf den Camino weist. So können wir auf der Fahrt von Palas de Rei über Melide nach Arzua wählen zwischen der gut ausgebauten N 547 (bei Steigungen mit 3. Spur) und den Radwegen.
Bald schlagen wir die letzte Landkarte unserer Reise auf, fast mit ein wenig Wehmut im Herzen - und doch voller Vorfreude auf unsere Ankunft in Santiago de Compostela. Mein Reisetagebuch hat die respektable Stärke einer Bibel angenommen, kaum kann es die letzten Notizen noch fassen. Morgen werden Sie genug mit sich selbst zu tun haben und deshalb sage ich schon heute „Auf Wiedersehen" - es war schön, mit Ihnen unterwegs gewesen zu sein.

Melide

Monasterio-Hospital de Sancti Spintus (14. Jh.); Santa Maria de Mellid mit sehenswerten Wandmalereien. Auf dem Donnerstags-Markt sollten Sie eine besondere Köstlichkeit Galiciens probieren: an offenen Feuern gekochte Pulpo-Kraken mit Viño Tinto und Weißbrot.

Ebenso treffe der Bann die Wirtsmägde, die sich aus Hurerei und Geldgier nachts den Pilgerbetten zu nähern pflegen. Die Dirnen, die aus diesem Grund zwischen der Miño-Brücke und Palas del Rey an waldreichen Orten den Pilgern häufig entgegentreten, müssen nicht nur exkommuniziert, sondern von allen geplündert und durch Rümpfen der Nase geächtet werden. Einzeln pflegen sie sich immer einem einzelnen darzubieten... Auf welche Art der Teufel seine unrechten Netze auswirft und den Jakobspilgern die Höhle des Verderbens öffnet, vermag ich nicht zu beschreiben....

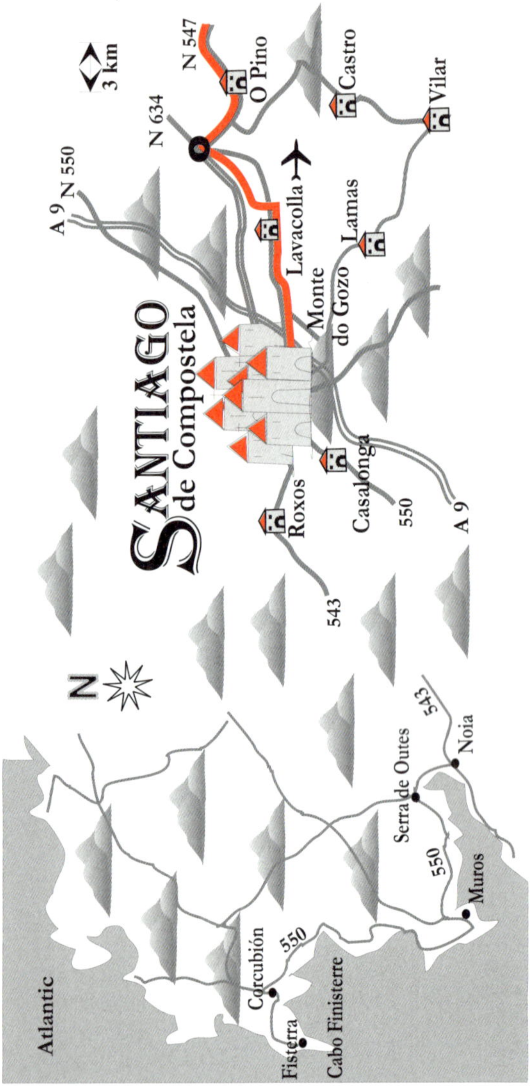
SANTIAGO
de Compostela
N
3 km
A 9
N 550
N 634
N 547
O Pino
Castro
Vilar
Lavacolla
Lamas
Monte
do Gozo
Roxos
Casalonga
550
A 9
543
543
Noia
Serra de Outes
550
Muros
Corcubión
550
Atlantic
Fisterra
Cabo Finisterre

INFORMATION

Arca-O Pino Refugio (80 Betten); 2 Hostals

Lavacolla 3 Hotels

Unser mittelalterlicher Reiseführer erzählt, daß sich die Pilger im Rio Lavacolla „aus Liebe zum Apostel" den Schmutz der Reise abwuschen. Dann näherten sie sich dem Monte do Gozo, sahen von dort zum ersten Male auf das Ziel ihrer großen Sehnsucht und riefen „Mon joie - Mon joie" - so kam dieser Platz zu seinem Namen.

San Marcos/Monte do Gozo Pilgerzentrum (500-800 Betten); Camping

Santiago de Compostela Tourist Information Rúa do Vilar; Pilgerbüro Ecke Rúa do Vilar / Rúa de Xelmirez; Xacobeo-Informations-Zentrum Avenida da Coruña 6; 20 Hotels 43 Hostals; Camping

Wegzeichen

Halte einfach
einige Augenblicke
lang inne und
versuche, dich der
Macht der Liebe
zu öffnen.
Halte ein
und segne. Halte
ein und danke.
Nimm die Gaben
des Lebens zur
Kenntnis und teile
sie mit anderen.
S

STRECKENTELEGRAMM

Hinter O Pino fahren wir auf der N 547 in den Kreisverkehr vor der Autobahn und folgen dem Radweg-Xacobeo nach Lavacolla. Dort auf die N 634 und durch die Vorstadt von Santiago; links liegt die alte Kirche San Lazaro und dann halten wir uns an das Schild „Centro Historico". - Der historische Pilgerweg verlief zum Puerta del Camino (Stadttor Francigena) und über die Via Sacra zum Paraíso, dem „Paradies", wo als erstes Händler sich der Pilger annahmen.

Santiago de Compostela

Über der Grabstätte des hl. Jakobus auf dem *Pico Santo* steht die Kathedrale, als Nachfolgerin eines kleinen Baus von 824 und einer 899 an dessen Stelle gesetzten Basilika, die von den Mauren unter Almansor 997 völlig zerstört worden war. Hinter der barocken Ummantelung des oft umgestalteten Bauwerks verbirgt sich der Kirchenbau des 11. und 12. Jh. An der Nordfassade (Plaza de la Azabachería) der Eingang zur linken Querschiffhälfte, die Puerta de Parroquia, erneuert 1765-70, mit Skulpturen von Gambino, oben die Könige Ordoño II. und Alfons III., unten eine Darstellung des Glaubens.

An der Ostseite zunächst die antikisierende Puerta Real von 1666, dann links daneben an der Apsis die Puerta Santa; sie hat in einem Portalbau von 1694 die Figuren der 24 Ältesten Israels vom 12. Jh. bewahrt (Abb.l.). Diese Pforte wird nur im »Heiligen Jahr« geöffnet, d. h., wenn der Jakobustag (25.7.) auf einen Sonntag fällt, ein Recht, das Papst Calixtus II. 1124 der Pilgerkirche verliehen hat, während Rom selbst ein »Heiliges Jahr« erst seit 1300 begeht. An der Ecke der Südseite die Torre de Reloj, 72 m hoch, eine der größten Glocken der Welt tragend, deren Klang über 20 km weit zu hören ist. Links daneben die Puerta de los Platerios (Pforte der Silberschmiede), ein Doppelportal an der rechten Querschiffhälfte, dessen Tympana und Gewände vielfältige Skulpturen des 11. Jh. tragen.

Vor der Pforte konnten die Pilger ein silbernes Jakobuszeichen kaufen, das sie wie die Jakobsmuschel *(pecten jacobaeus)*, heraldisches Zeichen für eine erfolgreiche Pilgerfahrt nach Santiago de Compostela, an ihrem Hut befestigten. Die Muschel wurde bereits im Mittelalter von den Händlern auf der Plaza de las Platerias an Pilger verkauft, die sie stolz am Hutband oder auf der Brust nach Hause trugen. Dadurch kennzeichnete sie den Pilger auf seinem Heimweg und schützte ihn, denn es galt als Todsünde, einem Pilger zu schaden. Noch heute befinden sich hier die Silberwarengeschäfte, in denen silberne Muscheln aller Größen angeboten werden, doch eine echte Muschel, wie man sie einst vor dem Nordportal erwarb, gibt es nicht mehr zu kaufen.

El Obradoiro

Nun um den Kreuzgang, der unter dem Dach Säulenfensterchen zeigt, herum zur Westfassade, auch »Obradoiro« genannt, am gleichnamigen Platz. Sie wurde 1738 unter Verwendung der doppelten Freitreppe von 1606 gestaltet, die als Basis dient. Die von der großen umlaufene kleinere Treppe innen führt hinab zur Capilla de San José, Rest der alten Kathedrale aus dem 11. Jh., mit herrlichen Kapitellen und dem alten Hauptaltar des 10. Jh. Die rechteckigen, abgesetzten und kuppel-gekrönten Türme beiderseits sind 75 m hoch; eine Besteigung dieser oder auch der Galerie bietet interessante Einzelheiten der Steinmetzarbeiten und eine schöne Stadtübersicht. Der Giebel dazwischen trägt hoch hinauf churrigueresken Zierat, Figuren und Reliefs, im Giebelfeld das Jakobskreuz. Der linke Türbogen des Pórtico de la Gloria zeigt »Jesus unter den Juden«, die mittlere »Jesu Herrlichkeit«, der rechte »Jesus unter den Ungläubigen«, ferner ein »Jüngstes Gericht« und eine »Apokalypse«, Werke des Meisters Mateo, 1168-88, im ganzen wohl die schönste romanische Portalanlage überhaupt (Bild Seite 167 o.). Dahinter stauen sich die Menschen und legen ergriffen die Finger der rechten Hand in die Vertiefungen am »Arbol de Jesé«, dem Lebensbaum Jesu Christi und der gesamten Menschheit.

Mit übermäßiger Freude bewundert man die große Schar der Pilger, die beim ehrwürdigen Altar des Hl. Jakobus Nachtwache hält.... Man hört dort die verschiedensten Sprachen... Gespräche und Lieder der Deutschen, Engländer, Griechen und der anderen Stämme und Völker auf dem gesamten Erdkreis.... Wer traurig herkommt, zieht froh zurück... Alle Tage und Nächte gleichen einem ununterbrochenen Fest in steter Freude zur Ehre des Herrn und des Apostels. Die Türen dieser Basilika bleiben Tag und Nacht unverriegelt, und die Dunkelheit kehrt doch niemals ein, weil sie durch das helle Licht der Kerzen und Fackeln wie am Mittag leuchtet. Dorthin begeben sich Arme und Reiche, Räuber, Reiter, Fußgänger, Fürsten, Blinde, Gelähmte, Wohlhabende, Adlige, Herren, Vornehme, Bischöfe, Äbte, manche barfuß, manche mittellos, andere aus Gründen der Buße mit Eisen beladen...

Die Kathedrale

Das Innere der Kathedrale ist dreischiffig mit Stützenwechsel und Galerien, ebenso die Querung. Die Vierung wird von 4 Bündelsäulen getragen. Das Hauptschiff ist frei, so daß man von der Pforte auf das Allerheiligste blickt. Auf dem Trumeau rechts thront Jakobus, christusähnlich, Schriftrolle und Hirtenstab in Händen. Die heutige Form der *Capilla Mayor* über dem Apostelgrab stammt vom 17. Jh., seitlich in einer Metallsäule die Pilgerstäbe der hll. Jakob und Franz von Siena; Marmorhochaltar mit silbernem, Jaspis verwendendem Aufsatz; Silbertabernakel von 1701 mit der Figur der Unbefleckten. Ein silberner Schrein umschließt die große Sitzstatue des Apostels, das »Wallfahrtsbild« als stark übermalte Plastik des 13. Jh. Eine kostbare Pelerine aus Silber, mit Perlen und Edelsteinen ausgelegt, verdeckt den Körper der Gestalt fast völlig. Darüber die Schnitzgruppe des Apostels mit 4 knienden Königen. In der Altarkuppel das Reiterstandbild des Heiligen von Mateo de Prado von 1677, zu dem eine Treppe führt. In der Vierung der »Botafumeiro«, ein riesiges Weihrauchgefäß, das im Anschluss an das Hochamt durch die Kirche pendelt.

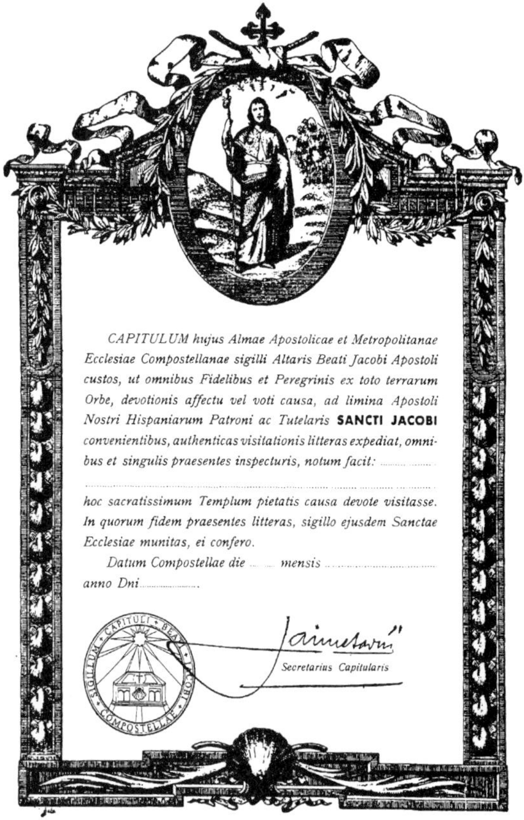

CAPITULUM hujus Almae Apostolicae et Metropolitanae Ecclesiae Compostellanae sigilli Altaris Beati Jacobi Apostoli custos, ut omnibus Fidelibus et Peregrinis ex toto terrarum Orbe, devotionis affectu vel voti causa, ad limina Apostoli Nostri Hispaniarum Patroni ac Tutelaris **SANCTI JACOBI** *convenientibus, authenticas visitationis litteras expediat, omnibus et singulis praesentes inspecturis, notum facit:* ....

....

hoc sacratissimum Templum pietatis causa devote visitasse. In quorum fidem praesentes litteras, sigillo ejusdem Sanctae Ecclesiae munitas, ei confero.

Datum Compostellae die ...... *mensis* ....

anno Dni ....

Secretarius Capitularis

Nach einem Rundgang durch die unzähligen Kapellen wenden wir uns der Krypta unter dem Hauptaltar zu. Hier liegt das Grab des Apostels Jakobus in einer Nekropole, die um das Jahr 820 entdeckt wurde und die, wie archäologische Forschungen ergeben haben, vom 1. Jh. nach Christus bis zu jener Zeit als Begräbnisstätte gedient hat. Später sehen wir die Plastik des »Santiago Matamoros« auf dem Pferd, in der rechten Hand das erhobene Schwert; es erinnert uns wieder einmal daran, daß die Jakobussage des Mittelalters sehr viel mit kämpfen zu tun hatte.

Ringen um Glauben und Freiheit - auch wenn sich Zeit und Mittel überholt haben, diese Pilgerfahrt hat uns darin bestärkt, daß solche Ziele unverändert Gültigkeit haben.

Kleiner Sprachführer Französisch

Frau	Madame
Fräulein	Mademoiselle
Herr	Monsieur
Hallo	salut
Guten Tag	bonjour
Guten Abend	bonsoir
Gute Nacht	bonne nuit
Auf Wiedersehn	au revoir
danke, bitte	merci, s'il v. plaît
ja, nein	oui, non
gestern	hier
heute	aujourd'hui
morgen	demain
ich weiß nicht	je ne sais pas
der Tag	le jour
die Woche	la semaine
Monat	mois
Jahr	an, année
ich, du, er, sie	je, tu, il, elle
wir, ihr,	nous, vous
sie (m/f)	ils, elle
Verabredung	rendez-vous
was ist das?	qu' est-ce que c'est
sprechen Sie	parlez vous
Deutsch?	allemand?
Englisch?	anglais?
alles, nichts	tout, rien
wann, wo	quand, où
warum	pourquoi
wer, was	qui, quoi
langsam	lent
schnell	vite, rapid
Weg	chemin
rechts	droite
links	gauche
geradeaus	tout droite
welche Richtung	quelle direction
oben, unten	en 'haute/bas
Bank/Geld	banque, argent
wechseln	changer
ich kaufe	j'achète
die Post	la poste
die Briefmarke	le timbre
ich möchte nach	je veux aller à...
ist dies der Weg	est-ce le chemin
wie lange...?	combien de temps
wieviel Uhr...?	Quelle heure est-il
der Markt	marché
Stadtmitte	centre ville
Rathaus	mairie
Wetterbericht	météo
ja, nein	oui, non
ok/in Ordnung	d'accord
wie geht's?	ca va?
Verzeihung	pardon
keine Ursache	pas de quoi
nicht verstehen	ne comprends pas
ich bin müde	je suis fatigué(e)
freies Zimmer	chambre libre
was kostet das?	ca-fait combien
der Preis	le prix
billig, teuer	bon marché,cher
Einladung	invitation
Kellner	garcon
bestellen	commander
zahlen	l'addition s.v.p.
der Tisch	la table
Speisekarte	carte
ich bin hungrig	j'ai faim
ich bin durstig	j'ai soif
ich möchte..	je voudrais..
wir nehmen	nous prenons
das Brot	le pain, baguette
Mineralwasser	l'eau minerale
heiß, kalt	chaud, froid
viel, wenig	beaucoup, peu
das genügt	ca suffit
0, 1, 2,	zéro, un, deux
3, 4,	trois, quatre
5, 6, 7,	cinq, six, sept
8, 9,	huit, neuf
10, 20,	dix, vingt
50, 100	cinquante, cent
klein, groß	petit, grand
wo ist...?	où est..
Toiletten	toilettes, WC
offen	ouvert
geschlossen	fermé
Hilfe	au secours
der Arzt	docteur
Krankenwagen	ambulance
Krankenhaus	hôspital
Apotheke	pharmacie
Dorf	village
Gasthaus	Auberge
Bauernhof	ferme
Quelle	source
Zelt	tente
Reiseführer	guide
Landkarte	carte
gesperrte Straße	route barrée
Kreuzung	carrefour

Wenn Sie bereits eine romanische Sprache (z.B. Französisch, Italienisch) können, wird Ihnen Spanisch, besser gesagt Kastilisch oder Castellano, nicht allzu schwer fallen. Auf dem Camino begegnen Ihnen aber auch noch Baskisch oder Euskera (im Baskenland), Katalanisch (in Katalonien), und Galicisch oder Gallego (in Galicien).

Herr	señor	ja, bitte	sí, por favor
Frau	señora	nein, danke	no, gracias
Fräulein	señorita	schon gut	de nada
Hallo	hi olá	ok/in Ordnung	está bien
Guten Tag	buenos días	Entschuldigung	disculpe
Guten Abend	buenas tardes	nicht verstehen	no comprendo
Gute Nacht	buenas noches	ich bin müde	estoy cansado
Auf Wiedersehen	adiós	freies Zimmer	habitación libre
ich heiße..	me llamo..	was kostet das?	cuánto cuesta?
ich komme aus..	soy de..	der Preis	el precio
gestern	ayer	billig, teuer	barato, caro
heute	hoy	der Tisch	la mesa
morgen	mañana	Speisekarte	la carta
(Feier-)Tag	día (de fiesta)	ich bin hungrig	tengo hambre
die Woche	la semana	ich bin durstig	tengo sed
Monat, Jahr	mes, año	ich nehme	tomo
ich, du, er, sie	yo, tú, él, ella	das Brot	el pan
wir, ihr,	noso-/voso-tros	ich trinke	bebo
sie (m/f)	ellos/m, ellas/f	Mineralwasser	aqua mineral
wie geht es?	cómo está?	heiß, kalt	caliente, frio
was ist das?	qué es eso?	viel, wenig	mucho, poco
sprechen Sie..	habla usted..	Kellner, zahlen	camarero, pagar
Deutsch?	alemán?	0, 1, 2,	cero, uno, dos
Englisch?	inglés?	3, 4,	tres, cuatro,
Französisch?	francés?	5, 6, 7,	cinco, seis, siete,
Entschuldigung	perdón	8, 9,	ocho, nueve,
macht nichts	no importa	10, 20,	diez, veinte,
alles, nichts	todo, nada	50, 100	cincuenta, cien,
wann, wo	cuando, dónde	klein	pequeño
warum	por qué	groß	grande
wer, was	quien, qué	wo ist...?	dónde está el...
langsam	desbacio	Toiletten	los servicios
schnell	rápido	offen	abierto
rechts	a la derecha	geschlossen	cerrado
links	a la izquierda	das Zelt	la tienda
geradeaus	todo derecho	Arzt brauchen	necesito médico
welche Richtung	qué dirección	die Apotheke	la farmacia
Treffpunkt	punto encuentro	Gefahr	peligro
oben, unten	arriba, abajo	wieviel Uhr...?	qué hora es?
Bank	banco	wie lange...?	cuánto tiempo
Geld wechseln	dinero cambiar	ich möchte nach.	quisiero ir a..
kaufen	comprar	Straße nach..	carretera hacia..
die Post	Correos	ist es noch weit bis	queda mucho para
die Briefmarke	el sello	können Sie mich	Puede llevarme
das Dorf	el pueblo	bis...mitnehmen?	hasta....?
die Altstadt	el casco antiguo	Perro (peligroso)	Hund (gefährlich)

Literaturverzeichnis (Auswahl)

Codex Calixtinus	auch *Liber Sancti Jacobi* genannt; eine aus fünf Büchern bestehende Handschrift aus der Zeit Papst Calixt II. (1119 -1124) über die wunderbare Geschichte des Apostels Jakobus. Die Berichte über den Pilgerweg stammen aus dem Vierten Buch des *Codex Calixtinus*, als dessen Verfasser Aymeric Picaud gilt. Das Original wird im Archiv der Kathedrale von Santiago de Compostela aufbewahrt; eine Faksimileausgabe ist erschienen.
Le Guide du pèlerin	de St. Jacques-de-Compostelle; Jeanne Vielliard, Librairie Philosophique Vrin, 1984
Der Jakobsweg	Mit einem mittelalterlichen Pilgerführer unterwegs nach Santiago de Compostela; Klaus Herbers, Gunter Narr Verlag Tübingen 1995
Chemin St. Jacques	du Puy-en-Velay à Roncevaux par le GR 65; Laborde-Balen/Day, Féd. Francaise Randonnée Pédestre Paris
St. Jacques en Espagne	Le guide du pèlerin; G. Bernès 1979
Unterwegs nach...	Santiago - Auf den Spuren der Jakobspilger; P.Barret/J.N.Gurgand, Herder Freiburg 1982
Das Geheimnis der..	Pilgerstraßen - Santiago de Compostela; L. Charpentier, Walter Verlag Olten 1979
Der Jakobsweg	Praktischer Pilgerführer; Editorial Everest, León
Tabula Peutingeria	eine auf der Grundlage des *Itinerarium Antonini* erstellte Landkarte aus dem 4. Jh., in einer Reproduktion von Konrad Miller, 1887
Grieben Reiseführer	Die geschichtlichen Informationen der Route durch Frankreich sind (mit freundlicher Genehmigung des Grieben-Verlags, Ostfildern) den Bänden Elsaß, Burgund und Südwestfrankreich entnommen.
Merian	Baskenland, Asturien, Galicien; Städte und Landschaften Hoffmann und Campe Hamburg 1974
Wegzeichen	Anthony de Mello, Der springende Punkt; Herder (M) D. Steindl-Rast, Musik der Stille; Knaur (S)
Landkarten	Wanderkarte des Vogesenclubs: Blätter Mont Ste.Odile - Thann; IGN Institut Géographique National; Straßenkarten: Michelin; Blay-Foldex; Los Amigos del Camino de Santiago, Estella
Bildnachweis	Historische Karte auf den Umschlaginnenseiten mit freundlicher Genehmigung der Österreichischen Nationalbibliothek Wien. Bilder Seiten 137 und 167 o. von E. Legler, Friedrichshafen
XACOBEO	Das Radpilger-Wegzeichen der Xunta de Galicia, Conselleria de Cultura, Comunicación Social e Turismo, für den Camino

Zeittafel	Westeuropa
30000-10000 v. Chr.	Höhlenmalerei in Südfrankreich und Nordspanien
ab ca. 4500 v. Chr.	Neolithikum; Megalithkultur (Dolmen)
um 600 v. Chr.	griech. Phokäer gründen Massilia und Ampurias
ab 600 v. Chr.	Kelten wandern nach Frankreich und Spanien
121 v. Chr.	Gallia Narbonensis der Römer
109-101 v. Chr.	Germanen (Kimbern, Teutonen) in der Provence
58-51 v. Chr.	Die Römer unter Cäsar erobern Gallien; Pax Romana
44 nach Christus	Jakobus wird von Herodes Agrippa hingerichtet
ca.300-600 n. Chr.	Die Völkerwanderung
418-507 n. Chr.	Westgoten im Süden Galliens und Nordspanien
um 400 n. Chr.	Franken erobern Gallien
411-588 n. Chr.	Suebenreich in Nordspanien
ab 443 n. Chr.	Burgunder im Rhoneraum
ab 449 n. Chr.	Kelten (Bretonen) siedeln in der Bretagne
451 n. Chr.	Attila und die Hunnen verlieren die Schlacht auf den katalaunischen Feldern (bei Troyes)
481-752 n. Chr.	Merowinger
711 n. Chr.	Die Araber beenden das Westgotenreich in Spanien
718 n. Chr.	Die Westgoten siegen bei Covadonga über die Mauren; Gründung des Königreichs Asturien
732 n. Chr.	Sieg Karl Martells bei Poitiers
752-987 n. Chr.	Karolinger
755 n. Chr.	Omaijaden in Andalusien
778 n. Chr.	Karl der Große in Nordspanien
um 785 n. Chr.	Erstes asturisch-galicisches Loblied auf Jakobus
800 n. Chr.	Kaiserkrönung Karls des Großen in Rom
um 820 n. Chr.	**Entdeckung des Jakobusgrabs bei *Iria Flavia***
834 n. Chr.	Jakobus wird zum »Patron Spaniens« erhoben
843 n. Chr.	Vertrag von Verdun; Teilung des Frankenreichs
844 n. Chr.	Schlacht bei Clavijo; »Santiago Matamoros«
899 n. Chr.	Erste Jakobuskirche in Santiago
ab etwa 900 n. Chr.	Verbreitung der Grabfindungslegende in Europa
910 n. Chr.	Gründung Clunys
925 n. Chr.	Königreich León
um 930 n. Chr.	Erste Pilger aus Deutschland und Frankreich
997 n. Chr.	Al-Mansur verwüstet Santiago
1005-1035 n. Chr.	Sancho III. herrscht über das christl. Spanien
1013 n. Chr.	Zerstörung Cordobas
um 1079 n. Chr.	Frankenweg (*iter francorum*) als Vorläufer des Camino
1085 n. Chr.	Kastilien nimmt Toledo ein
1094 n. Chr.	El Cid erobert Valencia
1096-1270 n. Chr.	Die Kreuzzüge
1118 n. Chr.	Aragon erobert Saragossa
um 1130 n. Chr.	*Liber Miraculis* - Wunder in Santiago de Compostela
um 1140 n. Chr.	*Codex Calixtinus* des burgundischen Papstes Calixt II.
1234 n. Chr.	Navarra fällt an Frankreich
1236 n. Chr.	Kastilien erobert Córdoba; Aragon erobert Valencia
1309-1377 n. Chr.	Päpste in Avignon
1339-1453 n. Chr.	Hundertj. Krieg zwischen Frankreich und England
1492 n. Chr.	Granada fällt

Reisenotizen

Adressen

Deutsche St. Jakobus-Gesellschaft
Harscampstr. 20, D-52062 Aachen
Tel. 02 41 - 47 901 27

St.-Jakobusbruderschaft Düsseldorf
Rathausstr. 29, D-42659 Solingen
Tel. 02 12 - 81 57 47

Société des Amis de Saint-Jacques
4, square du Pont de Sèvres
F-92100 Boulogne-sur-Seine

Fränk. St. Jakobus-Gesellschaft
Keesburgstr. 1 D-97074 Würzburg
Tel. 09 31 - 79 72 60

Ultreia Verein zur Förderung
der mittelalterlichen Jakobswege
Löwenstr. 61, D-70597 Stuttgart

Les Amis des chemins de St. Jacques
Route de Cugy, CH-1052 Le Mont und
Schützenstr. 19, CH-8702 Zollikon

CEBREIRO
Rede de Albergues do Camiño

Reisenotizen

Seite 166/167
Großes Bild: Santiago de Compostela
o.r. Kathedrale; Pórtico de la Gloria

Wandern in Frankreich, der Schweiz und Nordwest-Spanien:

Wandern in Frankreich

im Elsaß (Route du Vin) und den Vogesen (Routes des Crêtes), in Burgund (Taizé), von der Auvergne (Le Puy-en-Velay) zu den Pyrenäen (St. Jean-Pied-de-Port)

Wandern in Spanien

auf dem Camino durch Navarra, Rioja, Kastilien und Galicien

ISBN 3-9805535-0-7

Wandern in der Schweiz

z.B. Schwabenweg, Mittellandroute

in Südostfrankreich:

durch die Savoyer Voralpen (GR 9) und das Vivarais (GR 420) nach Le Puy; auf dem Rhône-Höhenweg (GR 42) nach Avignon und Arles

ISBN 3-9805535-2-3

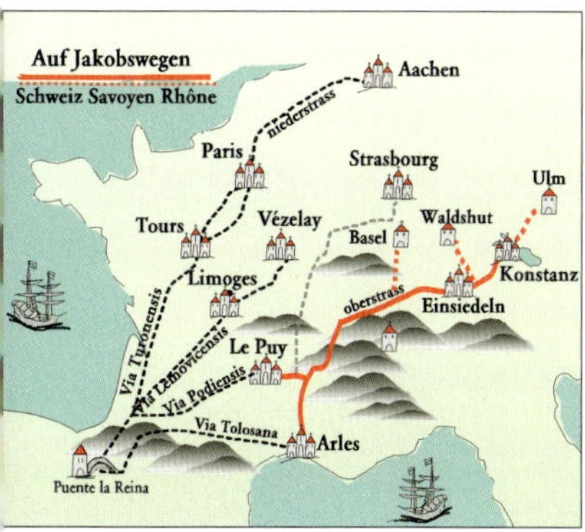

Angli
Galli
Belgi
Castiliani
GROENLANDIÆ PARS
ISLANDIA
Circulu
OCEANVS
DEVCALEDONIVS
Fero Ins.
Orcades Ins.
Hebrides
HIBERNIA
OCEANVS
OCCIDENTALIS
OCEANVS BRITA
MARE
ATLANTICVM
Madera
Porto Santo
Salvage
Palma
Tenerifa
Canaria
Lancerota
Forte Ventura
C. Bojador
Estrecho de Gibraltar
HISPANIA
FESSA
MAROCHO
BARB
A F
Cautum est Illustr. DD. Ordinum
Hollandiæ et Westfrisiæ privilegio
ne quis Tabulas istas quatuor Orbis
terræ partium citra voluntatem
Auctoris imitetur, sub poena in
Diplomate expreßa